미국 찐친들과의 현실 역어 회화

제시카양

힙HIP한

Talk

톡톡 Talk

영어
표현

미다인

# Quiz

오른쪽 문장을 영작해 보세요.

# 나
## 쥐꼬리만한 월급
## 받고 일해.

>>>>>>>>>>>>>>>>>>>>>>>>>>>>>>>>>>>>>>>>>>>>

Answer >>>>>>

# Answer

I work for **peanuts**.

# Why?

**'나 쥐꼬리만한 월급 받고 일해.'** 는
**왜 'I work for peanuts.'** 라고 하는 걸까요?

우리나라에서 아주 적은 돈을 '껌 값'에 빗대어 말하는 것처럼
서양에서도 이를 '땅콩(peanut) 값'에 빗대어 말해요.

**Peanut** = 땅콩 = 엄청 작거나 적은 것

>>>>>>>>>>>>>>>>>>>>>>>>>>>>>>>>

따라서 'work for peanuts'라고 하면

→ '엄청 작거나 적은 것을 위해 일하다'

→ '엄청 적은 보상(월급)을 받고 일하다'

→ '쥐꼬리만한 월급을 받고 일하다'와 같은

의미를 갖게 된답니다.

이처럼 **교과서엔 없지만 입에 달고 사는 현실 표현**들을
**원어민 감각**으로 이해하면서
재미있고 생동감 넘치게 익힐 수 있습니다.

# **Features**

## **7**가지 **주제**별 현실 영어 표현

밥벌이, 소비&돈, 밥&술, 연애&결혼, 소셜미디어 등 일상에서의 현실적인 주제 7가지를 중심으로 실제 원어민이 빈번하게 쓰는 표현 100여 개를 수록했어요. 재치와 위트가 넘치는 삽화로 누구나 쉽고 재미있게 익힐 수 있답니다.

| ★ **밥벌이** | 쥐꼬리만한 월급, 뼈 빠지게 힘든 일, 억대 연봉, 농땡이 … |
| --- | --- |
| ★ **소비** | 지름신, 바가지, 금수저, 자수성가 … |
| ★ **밥 & 술** | 군침, 식곤증, 꽐라(고주망태), 숙취 … |
| ★ **우정 & 다툼** | 죽이 잘 맞다, 뒷담화, 말실수, 동네북 … |
| ★ **연애 & 결혼** | 꼬시다, 바로 통하다, 천생연분, 권태기 … |
| ★ **컨디션 & 감정** | 열받다, 빈둥대다, 나른하다, 우유부단하다 … |
| ★ **소셜미디어** | 셀카, 뽀샵, 자뻑, 오지랖 … |

# 재치 만점 삽화 & 꿀팁 설명

각 표현을 센스있게 묘사한 **삽화**로 부담없이 쉽게 이해하며 기억에 오랫동안 남길 수 있어요.

저자가 직접 들려주는 듯한 꿀팁 설명을 통해 각 표현의 **유래 및 정확한 쓰임새**를 이해한 후 **미니 대화문**으로 생동감 있게 익힐 수 있어요.

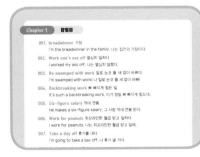

# 100여 개의 표현 한눈에 훑어보기!

교재를 통해 배운 표현을 한눈에 훑어보며 복습할 수 있도록 표현 모음 부록을 제공해요.

# Contents

## Chapter 1. 밥벌이

## Chapter 2. 소비 & 돈

## Chapter 3. 밥 & 술

## Chapter 4. 우정 & 다툼

## Chapter 5. 연애 & 결혼

## Chapter 6. 컨디션 & 감정

# Chapter 7. 소셜미디어

제시카의

힙HIP한
Talk
톡톡 Talk 영어
표현

# Chapter 1
# 밥벌이

# I'm the breadwinner.

**빵 먹기 대회에서 1등이라고? <u>NO!</u>**

## 나는 가장이다.

예전 서양에서는 주식이 주로 빵이었습니다.
따라서 집 안의 '가장'은 주식인 빵을 집에 가져오는 사람을 뜻했겠죠?
따라서 영어에서는 가장을 '빵(bread)을 쟁취하는 데 성공(승리)한 자(winner)'라는
의미에서 'breadwinner'라고 부릅니다. 이와 관련된 다른 표현도 함께 살펴볼까요?
아래는 이제 막 태어난 자녀가 있는 가장이 할 법한 말입니다.

**I have another mouth to feed!** = 먹여 살릴 식구가 하나 더 늘었어!

먹여야 할(to feed) 또 다른 입(another mouth)이 있다는 것은
곧 먹여 살려야 할 식구가 하나 더 늘었다는 의미겠죠?

Congratulations on the birth
of your baby! You're now a father!
아기 태어난 거 축하해! 너 이제 아빠구나!

Thanks. But I feel more
responsibility to do well as the **breadwinner.**
고마워. 그런데 <u>가장</u>으로서 잘해야 한다는 책임감이
더 많이 느껴지네.

# Work my ass off

## 엉덩이로 일을 한다고? <u>NO!</u>

### 매우 열심히 일하다

열심히 일하는 직장인들의 모습을 떠올릴 때,
많은 분들이 사무실 책상 앞에 앉아 '엉덩이(ass)가 닳도록 일하는 모습'을 떠올릴
겁니다. 이와 마찬가지로 영어에서도 '열심히 일하다'라고 할 때에 '엉덩이(ass)'라는
단어를 써서 'work one's ass off'라고 표현한답니다.
그리고 이렇게 열심히 일하고 온 후 아래와 같은 말들을 곧잘 하게 되죠.

**be fatigued** = 피로하게 되다
**be extremely tired** = 파김치가 되다
**be exhausted** = 녹초가 되다

위 표현들은 'work one's ass off'와 함께 쓸 일이 정말 많겠죠?

I didn't think you could finish it today.
네가 이걸 오늘 끝낼 수 있을 거라 생각 못했어.

I **worked my ass off** to get it done.
Now I'm extremely tired.
나 이거 끝내려고 정말 열심히 일했거든.
나 지금 완전 파김치 됐어.

19

# I'm swamped with work!

## 일이 넘쳐나니까?

### 일로 눈코 뜰 새 없이 바빠!

'swamp'는 동사로 '쇄도하다, 넘쳐나다'라는 뜻이 있습니다.
따라서 'be swamped with work'는 일이 넘쳐나 매우 바쁜 상태를 뜻하는 표현이
됩니다. 이와 관련된 다른 표현들도 한번 살펴볼까요?

**I'm super busy.** = 나 엄청 바빠.
**He dumped a lot of work on me.** = 그가 내게 많은 일을 떠넘겼어.
**I bit off more than I could chew.** = 나 너무 많은 일을 떠맡았어.

'dump A on B'는 'B에게 A를 떠넘기다'라는 뜻의 표현입니다.
그리고 마지막 문장은 '씹을(chew) 수 있는 것보다 더 많이 물었다(bite off)'는 뜻인데,
이는 결국 능력보다 과한 걸 했다는 의미로 풀이됩니다.

You look really exhausted. Are you okay?
너 정말 피곤해 보여. 괜찮아?

No, I'm not. I'm swamped with work.
안 괜찮아. 일 때문에 눈코 뜰 새 없이 바쁘네.

# Backbreaking work

## 등을 부수는 일? NO!

## 뼈 빠지게 힘든 일

우리나라에서 부모님들이 잘 하시는 말씀 중 하나가 바로
'등골이 휘도록 돈 벌어 키워 놨더니~'라는 말입니다.
이와 비슷한 맥락으로 'backbreaking work'는
'등골(back)이 으스러지도록(breaking) 힘든 일'을 뜻합니다.
이 외에 일과 관련된 다른 표현들도 한번 살펴볼까요?

**laborer / blue-collar worker** = 육체 노동자
**office worker / white-collar worker** = 사무직 종사자
**nine-to-fiver** = 월급쟁이
**work two jobs** = 투잡을 뛰다

위에서 'blue/white-collar'는 노동자나 사무직 종사자들이 주로 입는
옷의 색깔에서 파생된 표현이며, 'nine-to-fiver'는 보통 9시(nine)부터 5시(five)까지
근무하는 직장인들에게서 파생된 표현입니다.

Where are you going with those huge boxes?
그 큰 상자들 들고 어디 가는 거예요?

To the tenth floor. It's **backbreaking work**!
10층에요. 이거 정말 <u>뼈 빠지게</u> 힘드네요!

# Six-figure salary

## 숫자 6개로 된 봉급이니까?

## 억대 연봉

1억 원을 달러(dollar)로 환산하면 'one hundred thousand dollars',
즉 100,000달러입니다. 그런데 100,000을 가만히 들여다보면 총 6자리 숫자로
되어있기 때문에 이를 'six-figure(6자리로 된 숫자)'라고도 표현하며,
따라서 '억대 연봉'을 영어로 표현하면 'six-figure salary'가 되는 것입니다.
관련된 추가 표현들까지 한번 살펴볼까요?

**before tax** = 세전 (세금 공제 전)
**after tax** = 세후 (세금 공제 후)

위의 표현들을 활용하면
'My monthly salary is three million won after tax.(내 월급은 세후 300만원이야.)'와
같이 말할 수 있습니다.

Did you hear Tom's got a new car?
It looks really expensive though.
너 Tom이 새 차 뽑은 거 들었어? 되게 비싸 보이던데.

Don't you know?
He makes a six-figure salary.
너 몰라? 걔 억대 연봉 받잖아.

# Work for peanuts

## 땅콩을 위해 일하다? NO!

### 쥐꼬리만한 월급을 받고 일하다

우리나라에서는 아주 적은 돈을 '껌 값'에 빗대는데,
서양에서는 이를 '땅콩(peanut) 값'에 빗대어 말합니다.
실제로 사이즈가 아주 작은 땅콩이 있어서, 아주 작거나 적은 것들을 이 같은 땅콩에
비유하여 말하곤 합니다. 따라서 적은 돈(쥐꼬리만한 월급)을 받고 일을 한다고 할 때엔
'work for peanuts'라고 합니다. 다른 표현엔 또 뭐가 있을까요?

**make ends meet** = 입에 풀칠하다

위 표현을 직역하면 '끝(end)과 끝(end)이 만나게 하다'인데,
이는 '수입과 지출이 가까워져 딱! 번 만큼 쓴다 ➡ 입에 풀칠하다'로 풀이됩니다.

I heard you started to work at a new
company. How's your new job?
새로운 회사에서 일 시작했다고 들었어. 새 직장은 어때?

I don't get paid very well.
I work for peanuts.
월급을 잘 받지는 못해.
쥐꼬리만한 월급 받고 일하고 있어.

# Take a day off

날짜를 빼는 거니까?

## 휴가를 내다

'take off'는 '빼버리다'라는 뜻이 있습니다.
따라서 위 표현은 달력에서 '날짜(a day)를 빼는 것(take off)'과 같으므로
'휴가를 낸다'는 의미로 풀이될 수 있습니다.
또한 이 표현을 응용하면 'take a whole week off(일주일 내내 휴가를 내다),
take this Friday off(이번 주 금요일에 휴가를 내다)'와 같이 쓸 수 있지요.
아래는 관련 추가 표현들입니다.

**maternity leave** = 출산 휴가
**paid/unpaid vacation** = 유급/무급 휴가
**call in sick** = 전화로 병결을 알리다
**cover for ~** = ~의 일을 대신(처리)하다

위 표현들은 직장에서 법정 휴가 및 병결과 관련하여 정말 많이 써먹을 수 있는
표현이니 잘 알아두시기 바랍니다.

I'm going to **take this Thursday off**.
나 이번 주 목요일에 휴가 낼 계획이야.

Then who's **covering for you**?
그럼 누가 널 대신해 주는데?

# Goof off

실수를 저지르다? <u>NO!</u>

## 농땡이를 피우다

'goof'는 명사로는 '바보, 바보 같은 실수', 동사로는 '바보 같은 실수를 하다'라는 뜻이 있는데, 이 표현에 'off'가 붙어서 'goof off'가 되면 '농땡이를 피우다'라는 뜻이 됩니다. 'goof around'라는 표현도 'goof off'와 비슷한데, 'goof off'는 일하면서 농땡이를 피우는 걸 말할 때 쓰고 'goof around'는 멍청한 짓을 하며 노는 걸 말할 때 쓰는 미묘한 차이가 있습니다. 사실 둘 다 거의 비슷하지만 'goof off'가 할 일 없이 빈둥대거나 농땡이를 피울 때 더 자주 사용된다고 보시면 됩니다. 아래는 예문 및 동일의 뜻의 다른 표현들입니다.

**Stop goofing around!** = 그만 좀 빈둥대!
**fool/laze/sit around** = 빈둥거리다, 노닥거리다

Do you know why Peter got fired?
Peter 씨가 왜 해고 됐는지 알고 있어요?

He **goofed off** too much and
didn't focus on his job. That's why.
그 사람 너무 심하게 **농땡이 피우고** 일에 집중하지
않았어요. 그게 이유예요.

# I was let go.

내가 어딜 갔다고? <u>NO!</u>

## 나 해고 당했어.

'someone is let go'를 직역하면 '누군가가 가게 되다'라는 뜻인데,
이는 곧 그 사람이 자신의 의지가 아닌 다른 누군가의 의지로 떠나게 됐음을
의미합니다. 따라서 가기 싫어도 가게 되는 상황이니 이를 회사에서 쓰게 되면
'누군가가 해고를 당하다'라는 의미로 풀이될 수 있습니다.
이와 관련된 표현들엔 아래와 같은 것들이 있습니다.

**get fired** = (회사로부터) 해고되다
**leave the company** = (내 의지로) 회사를 관두다
**lay off** = (회사가 인원 감축을 위해) 해고하다

위 표현들은 괄호 안에 나와 있듯이 회사를 나가게 되는 방식에 미묘한 차이가 있으니
이를 잘 파악하여 쓰시기 바랍니다.

Did you hear that Peter was let go?
<u>Peter</u> 씨가 해고 당했다는 소식 들었어요?

I heard that the company lost an
important order because he mishandled
the whole affair.
ㄱ 사람이 총괄 업무를 잘못 처리해서
회사가 중요한 오더를 놓쳤다고 들었어요.

# I'm broke.

## 나는 부서졌어? NO!

## 나 땡전 한 푼 없어.

백수인 분들이 잘 하는 말 중 하나가 바로 '땡전 한 푼 없어.'가 아닐까 싶은데요.
'나 땡전 한 푼 없어.'는 영어로 'I'm broke.'라고 합니다. 이 표현은 돈이 없어 돼지
저금통의 배를 갈라 '깨뜨리는(break)' 이미지를 연상하면 외우기가 쉽겠죠?
이를 더욱 강조한 표현은 아래와 같습니다.

**I'm flat broke.** = 나 진짜 땡전 한 푼 없어.

이는 돈이 없음을 더욱 강조한 표현입니다. 돈이 없어 예쁜 하이힐 대신
'플랫 슈즈(flat shoes)'를 신고 열심히 돈을 벌러 나가는 이미지를 상상하면 됩니다.
그리고 잔고가 마이너스에 이를 땐 'dime(미국/캐나다의 10센트짜리 동전)'이란
표현을 써서 아래와 같이 말합니다.

**I don't have a dime to my name.** = 내 이름으로 십 원 한 장 없어.

How about a drink after work?
퇴근하고 술 한잔 어때?

I'd love to, but I'm broke till payday.
그러고 싶은데, 월급날까지 나 땡전 한 푼 없어.

# Brown noser

## 갈색 코를 가진 사람? <u>NO!</u>

## 아첨꾼

아부하는 사람을 두고 어첨꾼이라고 하는데,
자신에게 이익이 된다면 아무리 모욕적인 일이라도 수단 방법을 가리지 않고
하는 사람을 뜻하기도 합니다. 'brown noser' 역시 '코를 엉덩이에 박아
갈색(brown)이 될 정도로 아부를 떠는 사람'을 나타낸 걸로 이해하시면 됩니다.
이와 비슷하거나 관련된 표현들은 아래와 같습니다.

**ass-kisser** = 아첨꾼
**flatter** = 아첨하다, 비위를 맞추다

하지만 'brown noser, ass-kisser' 등은 굉장히 부정적인 표현이기 때문에
공적인 자리나 상황에서는 절대로 써선 안 됩니다!

What do you think about Mr. Kim?
네 생각에 김 부장님 어떤 거 같아?

He's really tough. If you want to
get good reviews from him,
you'd better be a **brown noser** to him!
그 분 정말 빡세. 그 분께 평가 잘 받고 싶으면
그 분께 아부 좀 떠는 게 좋을걸!

# Mood swing

마음이 스윙을 한다고? <u>NO!</u>

## (심한) 감정 기복

사회 생활을 하다 보면 기분이 왔다 갔다 하는 변덕스러운 성격을 가진 사람들을 종종 보게 됩니다. 이처럼 감정 기복이 심한 상태를 영어에서는 '기분(mood)이 그네를 타고 앞뒤로 흔들거리는 것(swing)'에 비유하여 'have mood swings(감정 기복이 심하다)'라고 표현합니다.

예를 들어 'When my girlfriend has mood swings, she always goes on a binge. (내 여자친구는 감정 기복이 심할 때, 항상 폭식을 한다.)'와 같이 말할 수 있습니다. 이와 비슷한 표현으로는 아래와 같은 것들이 있습니다.

**moody / bipolar** = 기분 변화가 심한 / 조울증의

위 두 표현은 모두 기분이 왔다 갔다 하는 감정 기복이 심한 상태를 일컫는 표현들입니다. 아래의 다이얼로그도 함께 살펴봅시다.

Why is she so sensitive lately?
걔 요즘 왜 그렇게 예민해?

You know dieters usually suffer from severe **mood swings**.
다이어트 하는 사람들 보통 심한 **감정 기복**으로 고생하는 거 너도 알잖아.

# He is hot-tempered.

그 사람 성격이 뜨겁다고? <u>NO!</u>

## 그는 다혈질이야.

'hot'은 덥거나 뜨거운 걸 묘사할 때 쓰는 표현이기도 하지만, 불같은 성질을 묘사할 때에도 쓰는 표현입니다. 참을성 없이 화를 잘 내는 상사나 직장 동료들을 보면 '머리에 뜨거운(hot) 불이 난 것 같은 모습'이 떠오르지 않나요? 이처럼 다혈질인 성격을 묘사할 때에 'hot-tempered'라는 표현을 씁니다. 아래는 이와 비슷한 다른 표현들입니다.

**hot-headed** = 성급한, 욱하는
**short-tempered** = 성마른, 성미가 급한
**quick-tempered** = 걸핏하면 화를 내는

하지만 이와 반대인 성격을 나타내는 아래와 같은 표현도 있겠죠?

**laid-back** = 느긋한, 태평스러운

My boss is so hot-tempered.
The team gets tensed up every morning.
우리 상사 너무 다혈질이야.
우리 팀 매일 아침마다 바짝 긴장한다니까.

You must be stressed out.
너 진짜 스트레스 받겠다.

# He gets crabby.

## 그 사람이 게를 먹는다고? <u>NO!</u>

### 그 사람 까칠해지더라.

바닷가에 사는 게(crab)를 건드리면 게가 어떻게 반응하는지 아시나요?
게는 건드리면 거품을 물며 상대방을 공격하려고 합니다.
'crabby'라는 표현은 이처럼 건드리면 까칠해지는 게의 모습을 상상하면 이해하기
쉽습니다. 실제 스폰지밥이라는 만화에서도 성격이 괴팍하고 까칠한 '게사장'이라는
캐릭터가 등장하니 이 캐릭터를 떠올리셔도 이해가 잘 되겠죠?
따라서 'crabby'는 '까칠한, 괴팍한, 고약한'이라는 뜻을 가집니다.
이와 비슷한 맥락의 다른 표현들은 아래와 같습니다.

**grumpy** = 성격이 나쁜
**irritable** = 짜증을 잘 내는, 화가 난
**grouchy** = 불평이 많은, 잘 투덜거리는

성격 나쁜 사람들을 묘사할 때, 위와 같은 표현들이 딱이겠죠?

He seems very sensitive these days.
그 사람 요즘 되게 예민해 보이던데요.

Well, he usually **gets crabby**
when a deadline comes.
음, 마감 때가 되면 보통 **까칠해지더라고요.**

My team was walking on eggshells

: 눈치를 보다 ⁻⁻

# Walk on eggshells

## 달걀 껍데기 위를 걷는다고? <u>NO!</u>

## 눈치를 보다

사회 생활을 하다 보면 눈치를 보게 되는 상황이 많이 생기죠?
이럴 때 바로 'walk on eggshells'라는 표현을 쓸 수 있습니다.
여기서 'eggshell'은 '계란 껍데기'를 의미하는데, 계란 껍데기가 깨지지 않도록 그 위를
조심스럽게 걷는(walk) 모습을 상상하면 이해가 빠르실 겁니다.
삽화의 예문대로 'My team was walking on eggshells.
(우리 팀은 눈치만 보고 있었어.)'라고도 말할 수 있겠죠?
이와 관련된 표현엔 아래와 같은 것들이 있습니다.

**He can't take a hint.** = 걔는 눈치가 없어.
**Did he notice?** = 걔가 눈치 챘어?

위 문장에서 'take a hint'는 '눈치를 채다', 'notice'는 '알아차리다'라는 뜻을 갖고
있습니다. 아래의 다이얼로그도 함께 살펴봅시다.

I heard that you got trashed last night.
너 어젯밤에 술 진탕 마셨다고 들었어.

Yes, I did. So now
I'm walking on eggshells around my wife.
맞아. 그래서 지금 와이프 <u>눈치 보고 있어.</u>

# Chapter 2
# 소비 & 돈

# Shopping spree

# 016

쇼핑을 한바탕 저지르는 거니까?

**지름신**

'빅 세일'이라는 말을 보게 되면 나도 모르게 '지름신'이 강림하게 되죠?
이 '지름신'은 영어로 'shopping spree'라고 합니다.
'spree'는 '한바탕 저지르는 것'이라는 뜻이 있기 때문에 'shopping spree'라고 하게
되면 '쇼핑을 한바탕 저지르는 것 = 흥청망청 사는 것 = 지름신'이라는 뜻이 됩니다.
아래는 지름신과 관련된 추가 표현들입니다.

**go on a shopping spree** = 지름신이 강림하다
**shopping hangover** = 충동적 쇼핑에 대한 후회

충동적 쇼핑에 대한 후회를 말할 때엔, 이것이 과음한 뒤 몰려오는
'숙취(hangover)'와 비슷하다 하여 'shopping hangover'라고 합니다.

Why did you buy so many cosmetics?
왜 이렇게 화장품을 많이 산 거야?

Tom, it's Black Friday!
So I went on a **shopping spree** today.
Tom, Black Friday잖아!
그래서 나 오늘 <u>지름신</u>이 강림했어.

# 017

# This bag is a steal!

## 이 가방 훔친 거라고? NO!

### 이 가방 완전 거저다!

우리나라에서는 정말 싸디 싼 가격에 물건을 샀을 경우,
그 물건이 '완전 거저'라고 말하곤 합니다. 그럼 '(너무 싸서) 완전 거저'라는 말을
영어로는 어떻게 할까요? 바로 'a steal'이라고 합니다. 'steal'은 본래 '훔치다'라는 뜻의
표현인데, 이 경우 '너무 싸서 훔친 것과 같은 것 = 완전 거저'라는 의미로 풀이됩니다.
이와 비슷한 표현으로는 'It's a good bargain. = It's a good deal. = 싸게 잘 샀다.'와
같은 것들이 있습니다. 그럼 이와 반대의 뜻을 가진 표현들엔 어떠한 것이 있을까요?

**cost a fortune** = 엄청나게 비싸다
**cost an arm and a leg** = 엄청난(큰) 돈이 들다

나의 '재산(a fortune), 팔(an arm), 다리(a leg)라는 대가를 지불'해야 될 정도면,
정말 비싸거나 많은 돈이 드는 게 분명하겠죠?

How does it look? It's only 50 dollars.
이거 어때 보여? 이거 50달러밖에 안 해.

That's a steal! Where did you get it?
그거 완전 거저인데! 어디서 샀어?

# 018

# What a rip-off!

**뭐가 뜯어져 나갔다고? <u>NO!</u>**

## 완전 바가지네!

충분히 싸게 살 수 있었던 물건을 너무 비싼 돈을 주고 사게 됐을 경우, 흔히 '완전 바가지다!'라고 말합니다. 그럼 '바가지'라는 말은 영어로 어떻게 표현할까요? 바로 'rip-off'라고 합니다. 'rip'은 본래 '뜯어내다, 떼어내다'라는 뜻의 단어인데, 뒤에 '-off'가 붙어 'rip-off'가 되면 우리나라의 '바가지'라는 뜻이 됩니다. 또한 'rip somebody off'라고 하면 '~에게 바가지를 씌우다'라는 동사 표현도 됩니다. 그렇다면 이와 반대로 '바가지를 쓰다(당하다)'라는 말은 영어로 어떻게 표현할까요?

**get ripped off** = 바가지를 쓰다

여러분 모두 물건 살 때 'get ripped off'되지 않으시길 바랍니다!

I got it for 100 dollars, but it seems too expensive. What do you think?
나 이거 100달러 주고 샀는데,
너무 비싼 거 같아. 네 생각은 어때?

What a rip-off! I think you got conned.
완전 바가지다! 내 보기에 너 사기 당했어.

# 019

# Pay in installments

설치 금액을 결제하다? <u>NO!</u>

## 할부로 결제하다

'할부로 결제하다'는 영어로 어떻게 말할까요? 바로 'pay in installments'라고 합니다.
'installment'와 발음이 비슷한 'install(설치하다)'와 헷갈려서는 안 됩니다.
'installment'는 '분할 불입'이라는 뜻이 있는 단어이기 때문에 'in installments'라고 하면
'할부로'라는 뜻이 됩니다. 그럼 '일시불 결제, 무이자 할부'는 어떻게 표현할까요?

**pay in full** = 일시불로 결제하다
**interest-free installment (plan)** = 무이자 할부

일시불 결제는 한 번에 '꽉 채워(full)' 지불하는 것이기 때문에 'pay in full'이라고 하며,
무이자 할부는 '이자(interest)가 공짜(free)'이기 때문에
'interest-free installment (plan)'이라고 합니다.

We have an interest-free
installment plan for up to three months.
저희는 3개월까지 무이자 할부로 해드립니다.

Oh, then I'd like to **pay in installments.**
아, 그럼 전 <u>할부로 결제</u>할게요.

# 020

# Put this on my tab!

## 이걸 내 계산서 위에 놓으라고? <u>NO!</u>

### 제 이름으로 달아 두세요!

술집에서 술을 마실 때, 마실 때마다 계산하면 번거로우니
'제 이름으로 달아 두세요'라고 말한 뒤 나중에 한꺼번에 계산하면 편리하죠?
이렇게 '내 이름으로 ~을 달아 두다(외상으로 하다)'라는 말은 영어로
'put something on my tab'이라고 합니다. 즉 나의 '계산서(tab)에 계산할 대상을 놓아
두는(put)' 것이니 이는 결국 내 계산서에 이 물건 가격을 달아 놓으라는 의미가 되는
것입니다. 다른 표현들도 같이 살펴볼까요?

**pick up the tab(bill)** = 계산하다
**split the bill** = 각자 계산하다

'pick up the tab'은 계산서를 '집는(pick up)' 것이니 이는 곧 계산을 한다는 의미로
해석될 수 있으며, 'split the bill'은 계산서를 '쪼개는(split)' 것이니
이는 곧 지불할 돈을 나눠서 낸다는 의미가 됩니다.

Here's your drink. It's 10 dollars.
술 여기 있습니다. 10달러입니다.

Put it on my tab please.
제 이름으로 달아 두세요.

# 021

# I'm cash-strapped.

## 현금을 끈으로 묶었다고? <u>NO!</u>

### 나 돈이 쪼들려.

월급은 안 오르고 물가는 비싸고, 요즘 '돈이 쪼들린다'는 말을 하시는 분들 많을 겁니다. 이 '돈이 쪼들린다'는 표현은 영어로 'be cash-strapped'라고 합니다. 'strap'은 '끈으로 묶다'라는 의미가 있는데 현금(cash)이 끈에 꼭 묶여 있어 빼서 쓸 수 없는 상황을 상상하시면 됩니다. 참고로 'cash' 없이 그냥 'strapped'라고 해도 돈이 쪼들린다는 표현이 됩니다. 아래는 'strapped'와 관련된 추가 표현들입니다.

**strapped for cash** = 돈(현금)이 없는
**strapped for time** = 시간이 없는

'strapped for cash'는 돈에 발목이 묶여 돈이 없다는 뜻으로 이해하면 되며, 'cash'를 'time'으로 바꾸면 시간이 없다는 뜻이 됩니다.

The landlord said he's going to raise
the rent from next month.
집주인이 다음 달부터 집세를 올린다고 하네.

Oh, no! **We're cash-strapped** right now!
안 돼! 지금 당장 <u>우리 돈이 쪼들리는데!</u>

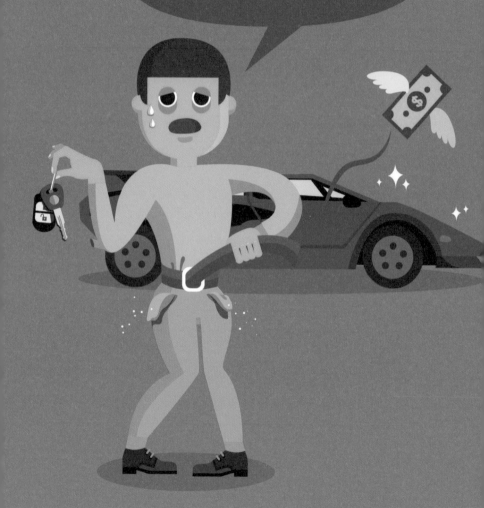

# 022

# Tighten my belt

## 내 벨트를 꽉 조이니까?

### 허리띠를 졸라매다(아끼다)

우리나라에서는 돈이 쪼들릴 때 '돈 아껴야 해'라는 말 대신 '허리띠를 졸라매야 해'라는
말을 자주 합니다. 그렇다면 이 표현은 영어로 어떻게 말할까요?
신기하게도 한국말과 거의 비슷하게 'tighten(조이다)'와 'belt(벨트)'를 이용하여
'tighten one's belt'라고 합니다. 발상이 꽤 비슷하죠?
그렇다면 짠돌이, 사치스러운 사람은 영어로 뭐라고 할까요?

**frugal** = 절약하는, 검소한 사람(짠돌이)
**spendthrift** = 낭비벽이 있는 사람

'frugal'은 '절약하는'이라는 형용사의 뜻도 있지만 '검소한 사람, 짠돌이'를 의미하는
명사의 뜻도 있음을 기억해 두세요.

Did you get a new car? It looks great!
너 새 차 샀어? 정말 멋져 보인다!

But I spent too much money on it,
so I have to **tighten my belt** for a while.
그런데 여기에 돈을 너무 많이 썼어.
그래서 당분간 **허리띠를 졸라매야** 해.

# 023

# Put aside $100

## 100달러를 따로 놓는다? NO!

## 100달러를 저축하다

모두들 매달 수입에서 일정 금액을 떼어 열심히 저축들 하고 계시죠?
이 '돈을 떼어 저축하다'라는 표현은 영어로 'put aside'라고 합니다.
'aside'는 '따로, 한쪽에'라는 뜻이 있는데 'put aside'라고 하면
곧 '따로 떼어서 놓다'라는 의미가 되고, 이것이 돈과 맞물리면 결국 '저축하다'라는
의미가 됩니다. 이와 관련된 다른 표현들도 한번 살펴볼까요?

**scrimp and save** = 아껴가며 모으다
**thrifty** = 절약하는, 검약하는

위에서 볼 수 있듯 'save(아끼다)'라는 말에 'scrimp(절약하다)'까지 더해지면
말 그대로 '아껴가며 모으다'라는 의미가 됩니다.

My bank balance is close to zero.
나 은행 잔고가 0에 가까워.

You should **put some money aside** for a
rainy day. Tighten your belt!
너 어려울 때를 대비해서 **돈 좀 저축해** 놔.
허리띠를 졸라매라고!

# 024

# Penny pincher

*동전을 꼬집는 사람? NO!*

**구두쇠**

돈을 죽도록 쓰기 싫어하는 쪼잔한 사람을 가리킬 때 우리는 '구두쇠, 수전노'라고
합니다. 그렇다면 이 '구두쇠, 수전노'는 영어로 어떻게 말할까요?
바로 'penny pincher'라고 합니다. 'penny'는 '1센트짜리 동전'을 뜻하는데,
상대에게 '동전(penny)'을 줄 때 돈이 아까워 손을 부들부들 떨며 동전을
'꼬집어(pinch)' 올리는 사람을 떠올리면 이해가 쉽겠죠?
아래는 '구두쇠, 수전노'의 유사 표현 및 관련 표현들입니다.

**scrooge / tightwad / miser** = 구두쇠, 수전노
**cheap / stingy** = 인색한, 쩨쩨한

'cheap'은 대부분 '싸구려의, 값싼'이라는 뜻으로만 알고 있는데
사람을 묘사할 땐 '인색한'이라는 뜻도 있으니 잘 알아 두세요.

At that time, I was flat broke so I
became something of a penny pincher.
그때, 나 완전 무일푼이어서 <u>구두쇠</u>같이 됐었어.

Wow, you went through a hard time.
와, 너 힘든 시간을 보냈었구나.

# 025

# He is filthy rich.

부자인데 지저분하다고? <u>NO!</u>

## 그는 더럽게 부자야.

'돈 많네'라는 말을 한층 더 강조하여 '돈 더럽게 많네'라고 할 때엔 영어로
'filthy rich'라고 합니다. 'filthy'는 본래 '추잡한, 더러운'이라는 뜻의 단어인데
이는 'lucre(부당하게 얻은 돈)'이라는 단어와 맞물려 'filthy lucre(부정한 돈)'이라는
표현으로 쓰이곤 했습니다. 하지만 지금은 'rich(부자인)'과 맞물려
'filthy rich(돈이 더럽게 많은, 완전 부자인)'이라는 뜻으로 많이 쓰입니다.
이와 유사한 다른 표현들도 살펴볼까요?

**loaded** = 돈이 많은, 아주 부자인
**have deep pockets** = 돈이 아주 많다

'loaded'는 'filthy rich'보다 다소 부드러운 표현이라고 보면 되며,
'have deep pockets'는 깊은(deep) 주머니(pockets) 안에
돈이 두둑이 들어있는 모습을 상상하면 이해가 빠르겠죠?

Wow, he paid for all the bags in full!
와, 저 사람 가방을 다 일시불로 샀어!

He must be filthy rich.
저 사람 더럽게 부자인가보다.

# Born with a silver spoon

# 026

## 은수저를 물고 태어났으니까?

## 부잣집에 태어났다

영어에서도 우리나라의 '금수저를 물고 태어나다'와 아주 유사한 표현이 있습니다.
바로 'born with a silver spoon (in one's mouth) = (~의 입에) 은수저를 물고
태어난'입니다. 이 표현은 중세시대 지주 계급들이 자신의 지위를 드러내고자
'은수저(silver spoon)'를 지니고 다닌 데에서 유래되었다고 합니다.
비슷한 표현들은 아래와 같습니다.

**from a rich family** = 부잣집 출신인
**born into money** = 돈 많은 집에 태어난

우리나라는 '금수저', 서양은 '은수저', 이렇게 외우면 이해가 쉽겠죠?

I heard that Tom got a BMW for his
birthday present from his parents.
내가 들었는데, Tom이 자기 부모님한테 생일 선물로
BMW 받았대.

I'm sure he was **born
with a silver spoon in his mouth**.
내 생각에 걔 <u>부잣집 애인</u> 게 틀림없어.

I like rags-to-riches stories

: 난 자수성가한 사람들의

이야기를 좋아해

# 027

# Rags-to-riches

**해진 천이 부자가 된? NO!**

## 자수성가(인생역전)한

어려운 상황에서 스스로의 힘으로 출세한 사람들을 가리켜 우리는
'자수성가(인생역전)한' 사람이라고 묘사하는데, 영어로 이 '자수성가(인생역전)한'은
'rags-to-riches'라고 합니다. 'rag'는 '해진 천'이라는 뜻의 단어인데,
여기서 'rags'는 '해진 천 쪼가리를 걸친 가난한 사람들'을 뜻합니다.
따라서 'rags-to-riches'는 이러한 사람이 'riches(부)'를 축적하게 된,
즉 '자수성가(인생역전)한' 것을 뜻하게 되는 것이죠.

**self-made man** = 자수성가한 사람

위 표현은 말 그대로 '스스로 만들어진(self-made)' 사람이니,
곧 자수성가한 사람을 뜻하는 표현이 될 수 있겠죠?

He was born to a poor family,
but now he's the CEO of his own company.
그 남자 가난한 집에서 태어났지만,
지금은 자기 회사 CEO야.

His life is a real **rags-to-riches** story.
그 남자 삶은 진짜 <u>자수성가한</u> 사람 이야기네.

# 028

# Rake in money

### 돈을 긁어모으는 거니까?

## 돈을 엄청나게 벌다(긁어모으다)

우리나라에서는 '돈을 엄청나게 벌다'를 '돈을 갈퀴로 긁어모은다'라고도 표현하는데,
서양에도 이와 매우 비슷한 표현이 있습니다. 바로 'rake in money'입니다.
'rake in something'은 '~을 긁어모으다'라는 뜻을 가진 표현인데,
이 표현에 'money'를 더해 'rake in money'라고 하면
'돈을 긁어모으다 = 돈을 엄청나게 벌다'라는 뜻이 됩니다.
이와 비슷하거나 관련된 다른 표현들은 아래와 같습니다.

**shovel up money** = 돈을 긁어모으다
**money-grubbing** = 악착같이 돈을 긁어모으는

위에서 'shovel up money'는 돈(money)을 삽으로 떠서(shovel up) 옮길 만큼
많이 번다는 뜻으로 이해하면 됩니다.

Have you heard from Jessica lately?
최근에 Jessica한테 소식 들은 거 있어?

I heard that she is **raking in money**
with her new business.
걔 새 사업으로 **돈 엄청 벌고 있다고** 들었어.

# 029

# Money is rolling in!

돈이 떼굴떼굴 구른다고? <u>NO!</u>

## 돈이 굴러 들어오고 있어!

'roll in'은 '밀려들어오다'라는 뜻이 있습니다. 따라서 돈이 'roll in'한다고 하면 '돈이
굴러 들어오다 = 돈이 넘쳐나다'라는 뜻이 되겠죠? 또한 'be rolling in money(it)'이라는
표현도 많이 쓰는데, 이 표현은 'He is rolling in it.(걔는 돈이 넘쳐나.)'와 같이
'돈이 넘쳐나다(엄청 많다)'라는 뜻을 갖고 있습니다.
그럼 반대로 '돈을 막 쓰다'는 영어로 어떻게 표현할까요?

**spend money like water** = 돈을 함부로 쓰다

위 표현을 직역하면 '돈을 물처럼 쓰다'인데,
이는 곧 '돈을 물쓰듯 펑펑 쓰다 = 돈을 함부로 쓰다'라는 의미로 풀이됩니다.

It seems like most celebrities
are rolling in it.
연예인들 대부분이 <u>돈이 엄청나게 많은 것</u> 같아.

Right, they also earn lots of money from
endorsomonts.
맞아, 걔네들 광고로도 돈을 많이 벌잖아.

# 030

# Ten bucks says A!

## 10달러가 A라 말한다고? <u>NO!</u>

## A라는 데 10달러 걸게!

'내가 A라는 데 10000원 걸게.'라는 말은, 그 A라는 것이 정말 사실임을 확실히 보장하겠다는 나의 의지를 '~라는 데에 ~원을 걸다'라는 식으로 강조하여 말한 것입니다. 영어에도 이와 비슷한 표현이 있습니다. 바로 '000 bucks says A!(A라는 데에 000달러 걸게!)'입니다. 이 표현은 직역하면 '000달러가 A라고 말을 하다'이지만, 이는 곧 '내가 건 000달러가 A라는 사실이 확실함을 말해줄 거다'라는 뜻으로 풀이될 수 있습니다. 그럼 '내기할래?'는 영어로 어떻게 말할까요?

**You want to bet?** = 내기할래?
**How much do you want to bet?** = 내기에 얼마 걸래?

'bet'은 '(내기 등에) 돈을 걸다'라는 뜻을 가진 표현이므로, 'You want to bet?'은 곧 돈을 건 내기를 하겠느냐는 의미입니다.

Do you think he will call me?
걔가 나한테 전화할 것 같아?

Ten bucks says he will call you tonight.
걔가 오늘밤 전화한다는 거에 10달러 걸게.

# Chapter 3

# 밥 & 술

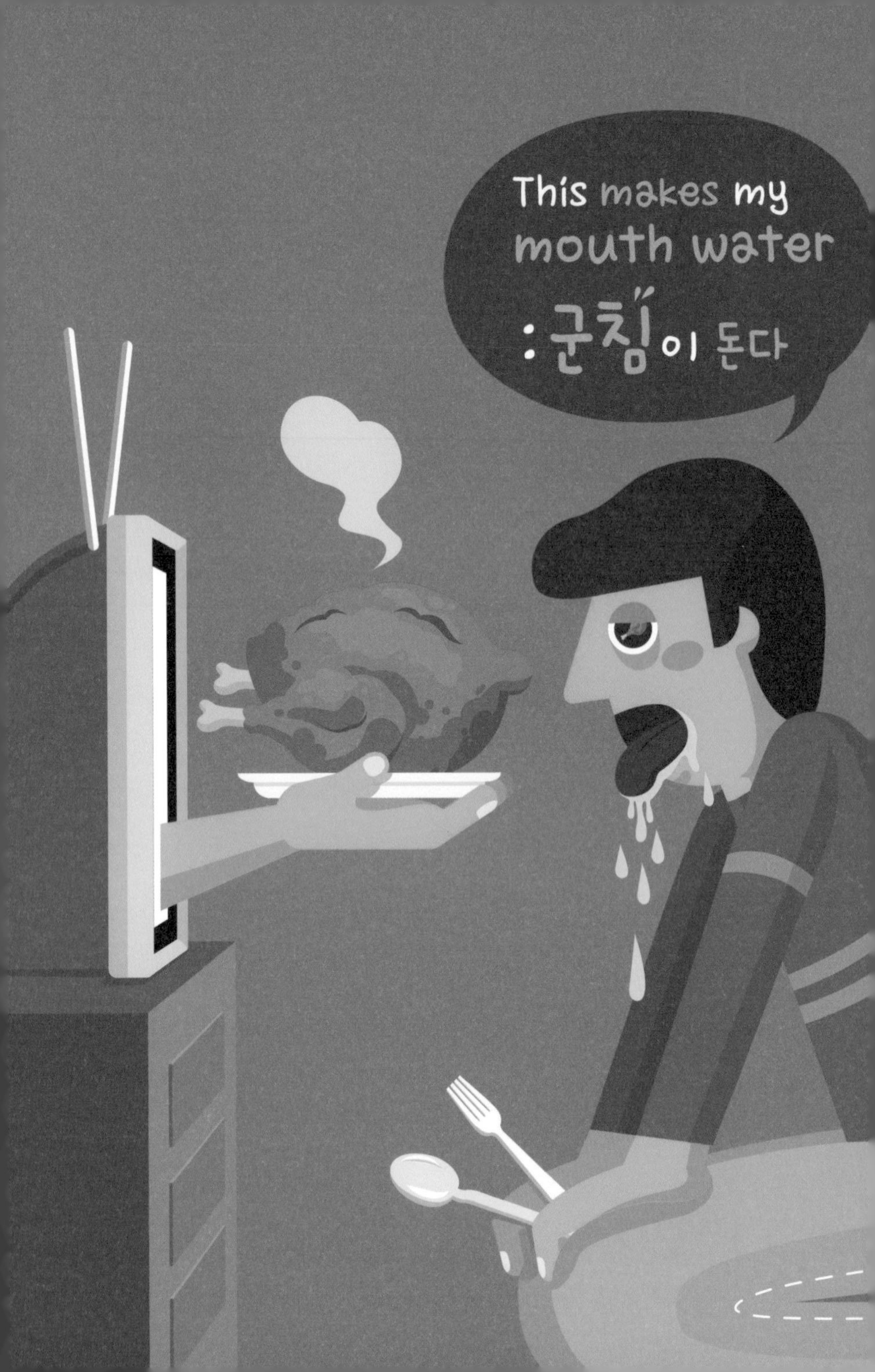
This makes my mouth water
:군침이 돈다

# Make my mouth water

# 031

입을 물로 만든다? <u>NO!</u>

## 군침 돌게 하다

'군침 돌게 하다'는 영어로 어떻게 말할까요? '군침 돌게 한다'는 것은
결국 '입에 침이 고이게 만든다'는 것을 뜻하기 때문에 'water(침이 괴다)'와
'mouth(입)'이라는 단어를 써서 'make one's mouth water'라고 하면 됩니다.
'water'는 명사로 '물'이라는 뜻이지만 동사로는 '물을 주다, 침이 괴다'라는 뜻도 있기
때문에 위와 같이 말할 수 있습니다. 아래는 군침, 음식과 관련해 생각해볼 수 있는
추가 표현들입니다.

**mouthwatering** = 군침이 도는
**late-night snack** = 야식

군침과 관련된 표현들은 음식뿐만 아니라 아주 좋은 제안을 받았을 때에도
'It makes my mouth water.(그거 구미가 당기는 걸.) / It's a mouthwatering offer.
(군침 도는 제안이야.)'와 같이 쓸 수 있습니다.

How about fried chicken for dinner?
저녁으로 후라이드 치킨 어때?

Ok! It always makes my mouth water!
좋아! 치킨은 항상 <u>군침 돌게 한다니까</u>!

# 032

# We pigged out.

## 우리가 돼지를 내보냈다고? <u>NO!</u>

## 우리 돼지처럼 먹었어.

너무 배가 고플 때, 그리고 뷔페에 갔을 때 등등 넋을 놓고 돼지처럼 먹을 때가
종종 있습니다. 그럼 '돼지처럼 먹다, 마구 먹어대다'는 영어로 어떻게 표현할까요?
이는 꿀꿀거리며 음식을 마구 먹어대는 'pig(돼지)'라는 단어를 이용하여
'pig out'이라고 합니다. 'pig out'의 사전적 의미는 '과식하다,
게걸스럽게 먹다'인데, 이는 곧 돼지처럼 포식하는 것이라 생각해 볼 수 있습니다.
그럼 이와 관련된 다른 표현들엔 무엇이 있을까요?

**wolf down** = 게걸스럽게 먹다

**overeat** = 과식하다

**eat oneself sick** = 과식하여 탈이 나다

위에서 'wolf down'이라는 표현은 빨간 망토 소녀를 잡아먹으려고 하는
'늑대(wolf)' 이야기에서 파생된 표현입니다.

How was the Food Truck Festival last night?
어젯밤 푸드 트럭 축제는 어땠어?

It was really fun. I **pigged out** yesterday.
진짜 재미있었어. 나 어제 <u>돼지처럼 먹었</u>다니까.

# 033

# I'm stuffed.

## 내가 가득 찼으니까?

**나 너무 배불러.**

음식을 과하게 먹어 '배가 너무 부르다'고 할 때 어떤 표현을 쓸까요?
보통 '가득 찬'이라는 뜻의 'full'을 쓴 'I'm so full.'이라는 표현을 생각하실 텐데, 이 대신
'I'm stuffed.'라고도 합니다. 'stuff'는 명사로 '물건'이라는 뜻이지만 동사로는
'가득 채우다, 포식하다'라는 뜻이 있어서 'I'm stuffed.'라고 하면 '나 너무 배불러.'라는
뜻이 됩니다. 그렇다면 이와 반대로 '배가 너무 고프다'는 영어로 어떻게 말할까요?

**I'm starving.** = 나 배고파 죽겠어.
**I'm famished.** = 배가 등가죽에 붙을 지경이야.
**I could eat a horse.** = 나 말이라도 먹을 수 있을 것 같아.

'starve'는 '굶주리다', 'famish'는 '아사시키다'라는 뜻이 있으며
마지막 문장은 '돌이라도 씹어먹겠다'와 비슷한 표현입니다.

I'm starving! Let's go eat something.
나 배고파 죽겠어! 가서 뭐라도 좀 먹자.

I don't think I can. I'm stuffed right now.
난 못 먹을 것 같아. 지금 너무 배불러.

# 034

# I'm in a food coma.

## 내가 음식 혼수상태에 빠졌다고? NO!

### 나 식곤증 와.

식사를 한 직후엔 종종 온 몸이 나른해지는 '식곤증'이 찾아오곤 합니다.
그럼 이 식곤증은 영어로 뭐라고 표현할까요? 바로 'food(음식)'과 'coma(혼수상태)'를
합쳐 'food coma'라고 합니다. 이를 쉽게 풀어서 생각하면 'food(음식)'을
많이 먹어 마치 'coma(혼수상태)'에 빠진 것처럼 헤롱헤롱한 상태가 되는 것과
비슷하다고 볼 수 있겠죠? 식곤증과 관련된 추가 표현들은 아래와 같습니다.

**after a meal** = 식후
**languor after a meal** = 식후 나른함 = 식곤증
**drowsiness after a meal** = 식후 졸림 = 식곤증

식곤증은 식후에 찾아오는 노곤함이기 때문에 위와 같이 'languor(나른함)',
'drowsiness(졸림)'을 써서 식곤증을 표현할 수도 있습니다.

I'm so sleepy. I think I'm in a food coma.
나 너무 졸려. 나 식곤증인 거 같아.

Let's go out and get some fresh air.
나가서 신선한 공기 좀 쐬고 오자.

# 035

# I got food poisoning.

## 내가 독이 든 음식을 먹었다고? NO!

## 나 식중독에 걸렸어.

음식이 상하기 쉬운 여름철에 제대로 익지 않은 음식을 먹거나 오래 방치된 음식을 먹었을 경우 '식중독'에 걸릴 수 있습니다. 이 '식중독'은 영어로 'food(음식)'과 'poisoning(중독)'을 합쳐 'food poisoning'이라고 합니다. 쉽게 풀어 생각하면 음식이 상해버려 그 안에 '독(poison)'과 같이 나쁜 요소가 생겨 식중독을 유발하는 거라 보면 되겠죠? '식중독에 걸리다'와 '(음식이) 상하다'는 영어로 아래와 같이 말합니다.

**get(suffer from) food poisoning** = 식중독에 걸리다
**go bad** = (음식이) 썩다, 상하다.

I got food poisoning last night.
I think it was from the sushi I ate for lunch.
나 어젯밤 **식중독에 걸렸어.** 내 생각에 이거
내가 어제 점심으로 먹었던 초밥 때문인 것 같아.

You should watch what you eat
during the summer.
여름철엔 네가 먹는 음식을 조심해야 해.

# 036

# Heat it up & Cool it down

## 덥게 올리고 & 차갑게 내리니까?

## 데우다 & 식히다

남은 음식, 차가운 음식 등을 '데운다'고 할 때 영어로 어떻게 말할까요?
'뭔가를 데운다'는 것은 차가운 것을 '뜨거워지는(heat) 상태로 끌어 올리는(up)'
것이기 때문에 'heat something up'이라고 합니다. 반대로 '뭔가를 식히다'는
'cool(식히다)'를 써서 'cool something down'이라고 하지요.
자, 아래 추가 표현들도 한번 살펴볼까요?

**leftovers** = 남은 음식
**microwave** = 전자레인지, 전자레인지로 데우다
**nuke** = 전자레인지로 요리하다

'nuke'는 본래 '핵무기로 공격하다'라는 뜻인데,
일상에서 쓸 때엔 '전자레인지로 가열하여 요리하다'라는 뜻도 있습니다.

What are we going to eat for lunch?
우리 점심으로 뭐 먹을 거야?

There's leftover pizza in the fridge.
I'll **heat it up** in the microwave.
냉장고에 남은 피자가 있어.
내가 전자레인지에 그거(피자) 좀 데울게.

# 037

# She picks at her food.

걔가 음식을 고른다고? <u>NO!</u>

## 걘 음식을 깨작거리며 먹어.

입이 짧은 사람들을 보면 '음식을 깨작거리며 먹는다'고 말하는데,
이 말은 영어로 어떻게 표현할까요? 바로 'pick at one's food'라고 합니다.
식탁에 앉아서 싫어하는 음식을 쏙쏙 '골라내는(pick)' 장면을 연상하면 이해하기가
쉽겠죠? 참고로 '까다로운'이라는 말 역시 'pick'에서 파생된 'picky'라는 단어를 써서
말합니다. 아래는 이와 관련된 추가 표현들입니다.

**picky eater** = 식성이 까다로운 사람

**eat like a bird** = 소식하다

'picky eater'은 말 그대로 '까다롭게 먹는 사람 = 식성이 까다로운 사람'을 뜻하며,
'eat like a bird'는 '새(bird)가 모이를 쪼아 먹는 것과 비슷하게 소식한다'는 것을
뜻하는 표현입니다.

Stop picking at your food.
Is there a problem with it?
음식 깨작거리며 먹지 좀 마.
음식에 무슨 문제라도 있는 거야?

I just don't have any appetite.
그냥 입맛이 통 없네.

# You want a bite?

## 깨물어보고 싶니? <u>NO!</u>

## 한 입 먹어 볼래?

'한 입 먹어 볼래?'라는 말은 'want a bite(한 입을 원하다)'를 이용하여
'Do you want a bite?'라고 말합니다. 이를 간단히 줄여 'You want a bite?'라고
말하기도 하죠. 하지만 이 말은 '한 입 먹어 보고 싶냐?'처럼 놀리는 느낌이 날 수도
있기 때문에 '좀 먹어 보지 않을래?'라고 정중히 묻고 싶다면 'take a bite(한 입 베어
물다)'를 이용하여 'Do you want to take a bite?', 혹은 'Do you want some?'이라고
하면 됩니다. 한 입과 관련해 생각해 볼 수 있는 다른 표현들은 아래와 같습니다.

**grab a bite to eat** = 간단히 먹다
**have a sip** = 한 모금 마시다

'sip'은 '한 모금'이라는 뜻이며, 따라서 'He took a sip of coffee.'라고 하면
'그가 커피 한 모금을 홀짝거렸다.'고 풀이될 수 있습니다.

What are you eating? It looks delicious.
뭐 먹고 있는 거야? 그거 맛있어 보인다.

Do you want a bite? It's really yummy.
한 입 먹어 보고 싶어? 이거 진짜 맛있지롱.

# Hit the spot

# 039

## 어딜 때린다고? NO!

## 바로(딱) 그거다

무언가가 어떤 상황에 딱 들어맞아 '바로 그거야!'라고 말할 때 'hit the spot'이라는
표현을 씁니다. 본래 이 표현은 예전 코카콜라 광고에서 탄산이 몸 안으로 들어가
갈증 나는 부분을 정확히 '때려(hit) 없애 개운하다'는 의미로 썼는데,
이후 이 표현은 주로 '바로 그거야!'라는 의미로 쓰이고 있습니다.
따라서 'You hit the spot!'은 '네가 바로 맞혔어! = 바로 그거야!'로 해석될 수 있지요.
이와 관련해 연상해 볼 수 있는 다른 표현은 아래와 같습니다.

**hit the nail on the head** = 정곡을 찌르다

'You hit the spot!'은 왼쪽 그림과 같이 누군가 내가 먹고 싶은 음식을
콕! 집어 말했을 때에도 쓸 수 있겠죠?

Why don't we go out for a beer tonight?
오늘밤에 맥주나 마시러 가지 않을래?

That sounds like it would hit the
spot. I actually wanted to have some drinks.
그거 아주 딱인 것 같은데,
사실 나 술 한잔 하고 싶었거든.

It's on the house
: 서비스 입니다 / 공짜입니다

# 040

# It's on the house.

집 위에 있다고? <u>NO!</u>

## 공짜입니다(서비스입니다).

술집이나 식당을 가면 종종 '서비스'로 나오는 음식들이 있습니다.
서비스라 함은 곧 '공짜'로 나오는 음식을 의미하죠. 이처럼 술집이나 식당에서 서비스,
즉 공짜로 음식을 준다고 영어로 말할 때엔 'It's on the house.'라는 표현을 씁니다.
'house'는 집 외에 '식당'이라는 의미가 있기 때문에 'on the house'라고 하면
'식당 측에 있다 = 식당이 책임진다 = 식당이 쏜다'로 이해할 수 있습니다.
아래는 '공짜, 무료'라는 의미를 가진 다른 표현들입니다.

**free** = 공짜의, 무료의
**free of charge** = 요금이 안 드는, 무료의

특히 한국 사람들이 'This is service.(이것은 서비스입니다.)'라고 하는 경우가 많은데,
이건 100% 콩글리쉬이니 조심하세요.

I'm sorry but I didn't order this.
죄송하지만 이건 주문 안 했는데요.

Oh, it's on the house. Don't worry.
아, <u>이건 공짜입니다.</u> 걱정 마세요.

# It's my treat.

## 내가 처리한다고? <u>NO!</u>

### 내가 쏠게.

친구들과 같이 술집이나 식당에 갈 때 '야, 이건 내가 쏠게'라고 말하는 경우가
종종 있지요? '내가 쏠게'라는 말은 영어로 'It's my treat.'이라고 합니다.
'treat'은 동사로 '처리하다, 대하다'와 같은 뜻이 있지만 명사로는
'한턱, 대접'과 같은 뜻이 있습니다. 따라서 'It's my treat.'은
곧 '이건 나의 대접이다. = 이건 내가 산다(쏜다).'로 이해될 수 있는 것이죠.
아래는 이와 유사한 다른 표현들입니다.

**It's on me.** = 내가 살게(쏠게).
**I got this.** = 내가 알아서 할게. = 내가 살게.
**I'll take care of this.** = 내가 처리할게. = 내가 살게.

덧붙여 'It's my treat.'은 보통 계산 전에 미리 하는 말,
'It's on me.'는 주로 카운터에서 계산할 때 하는 말이라고 보시면 됩니다.

Let's go out for dinner. **It's my treat.**
저녁 먹으로 나가자. <u>내가 쏠게.</u>

Really? Thanks. Next time, it's on me.
정말? 고마워. 다음 번엔 내가 살게.

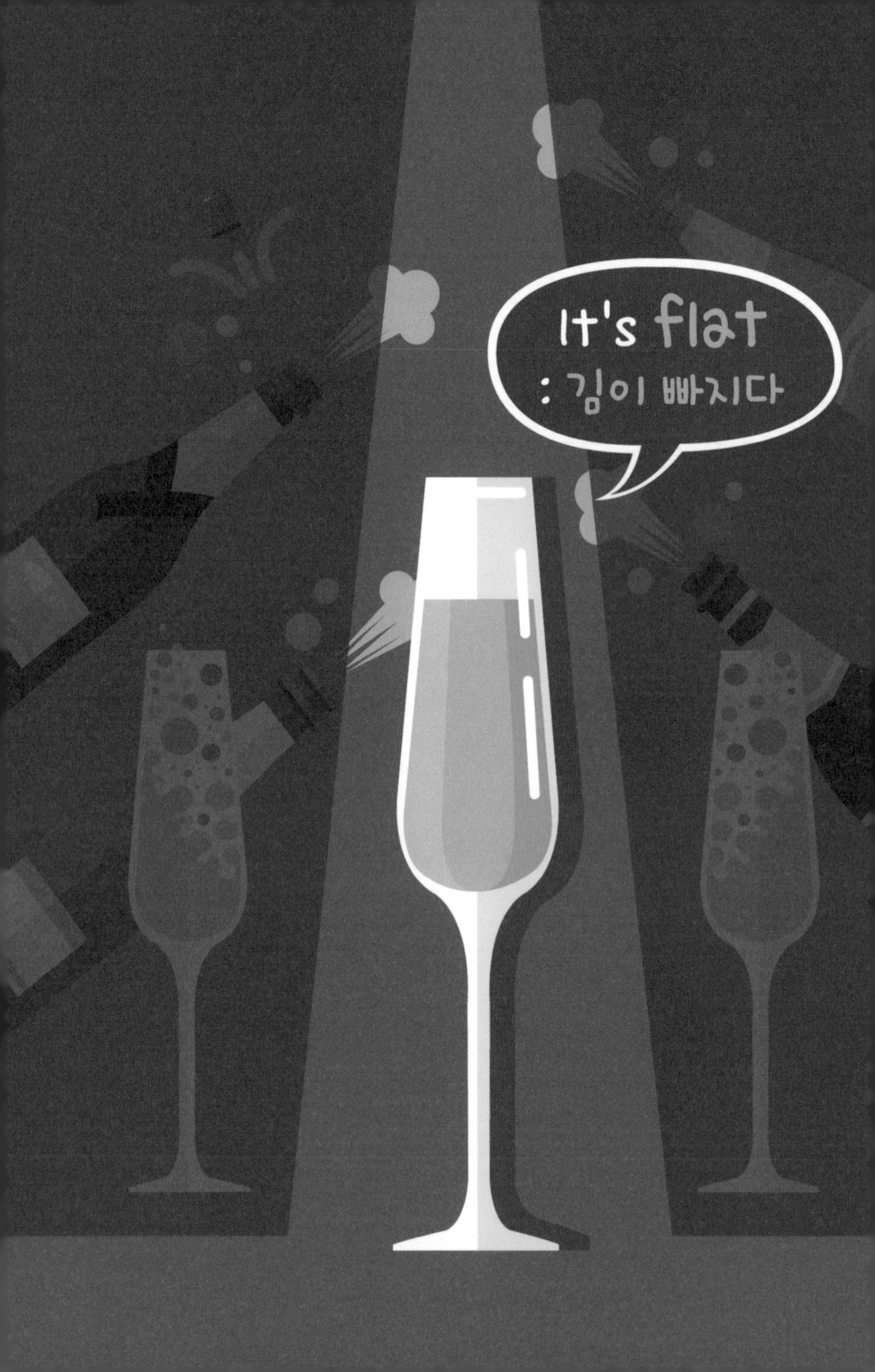
It's flat
: 김이 빠지다

# It's flat.

### 평평하다고? <u>NO!</u>

## (탄산음료에) 김이 빠졌다.

탄산음료가 너무 오래 방치될 경우, 탄산이 모두 날아가 '김이 빠지게' 되곤 합니다.
이 '김이 빠지다'라는 표현은 영어로 어떻게 표현할까요? 바로 '평평한'이라는 뜻 외에
'김 빠진, 바람 빠진'이라는 뜻을 갖고 있는 'flat'을 써서 'It's flat.'이라고 합니다.
덧붙여 '펑크난 타이어'는 '바람 빠진 타이어'기 때문에 'flat tire'라고 하면 되겠죠?
아래는 음료나 음식의 상태를 나타낼 수 있는 기타 표현들입니다.

**fizzy** = (음료가) 거품이 나는
**stale** = (음식이) 신선하지 않은, 오래된
**nasty / gross** = (음식이) 형편 없는 / 역겨운

'stale'은 특히 눅눅해진 빵이나 쿠키 등에 많이 쓰는 표현이며,
'nasty, gross'는 진짜 맛없는 음식을 가리킬 때 씁니다.

How old is this coke? It's completely flat!
이 콜라 얼마나 오래 된 거야? 완전 <u>김 빠졌어!</u>

You can find a new one in the fridge.
냉장고에 새 것 있으니까 찾아 봐.

# I got wasted.

## 내가 낭비됐다고? NO!

## 나 꽐라(고주망태) 됐어.

'꽐라(고주망태)가 되다'는 바로 'get wasted'라고 합니다. 'waste'는 '낭비하다'라는 뜻이지만 'wasted'가 '헛된, 쇠약한, 술에 찌든'이라는 의미가 있기 때문에 'get wasted'라고 하면 '꽐라(고주망태)가 되다'라는 뜻이 됩니다.
이와 관련된 유사 표현 및 추가 표현들은 아래와 같습니다.

**get trashed** = 술을 진탕 마시다, 꽐라(고주망태)가 되다
**black out** = 필름이 끊기다
**sober up** = 술을 깨다

'trashed'는 'trash(쓰레기)'에서 파생된 표현인데,
왼쪽 그림과 같이 술을 마시고 쓰레기 같은 몰골이 된 걸 상상하면 되겠죠?
'black out'은 '일시적으로 의식을 잃다 = 필름이 끊기다',
그리고 'sober up'은 '정신을 차리다 = 술을 깨다'로 이해하면 됩니다.

Let's **get wasted** tonight! Bottoms up!
오늘 한번 꽐라가 돼 보자고! 건배!

I can't drink anymore. I'd better sober up.
나 더 이상은 못 마시겠어. 술 깨야 될 것 같아.

# 044

# I have a hangover.

## 내가 행거를 갖고 있다고? <u>NO!</u>

## 나 숙취가 있어.

숙취가 오면 어떤 느낌인가요? 마치 온 몸의 장기가 거꾸로 '매달려(hang)' 흔들리고 토할 것 같은 느낌 아닌가요? 따라서 '숙취가 있다'는 영어로 'have a hangover'라고 합니다. 거꾸로 '매달려(hang)' 흔들흔들, 메스꺼운 느낌을 상상하면 쉽겠죠? 관련 표현들은 아래와 같습니다.

**tipsy / buzzed** = 약간 취해 알딸딸한
**hammered** = 고주망태가 된
**relieve a hangover** = 해장하다

'hammer'은 '치다'라는 의미니까, 'hammered'라고 하면 머리를 한 대 맞아 띵~해진 것처럼 술을 퍼 마셨다는 얘기겠죠? 그리고 'relieve a hangover'는 숙취를 '없애는(relieve)' 것이므로 '해장하다'가 됩니다.

I still have a hangover.
I got so hammered last night.
나 아직도 숙취가 있어. 어젯밤 엄청 취했었네.

Try to eat some hangover food.
숙취에 좋은 음식을 좀 먹어 봐.

# A headache and the runs

# 045

## 두통과 달리기? <u>NO!</u>

### 두통과 설사

배탈 났을 때, 혹은 음주 후 숙취가 풀리는 과정에서 '두통이나 설사'가 동반되는 일이 많습니다. 영어로 두통은 'headache', 그리고 설사는 'diarrhea'라고 하는데, 'diarrhea'는 'the runs'라고도 표현합니다. 설사가 나서 화장실을 여러 번 '뛰어서(run)' 왔다 갔다 하는 장면을 상상하면 이해가 쉽겠죠? 아래는 관련된 다양한 표현들입니다.

**nausea** = 구역질, 메스꺼움
**indigestion / upset stomach** = 소화 불량 / 배탈
**be constipated** = 변비에 걸리다
**have trouble moving my bowels** = 장 운동에 문제가 있다

특히 마지막 표현은 장(bowel)을 움직이는(move) 데에 문제(trouble)가 있는 것이니 '장 운동에 문제가 있다'고 이해하면 됩니다.

Do you still have the runs?
너 아직도 <u>설사</u>해?

Yes, the medication didn't work well for me.
응, 약이 나한테 잘 안 들었나 봐.

# Chapter 4
# 우정 & 다툼

# 046

# I hang out with her.

## 내가 걔랑 매달렸다고? <u>NO!</u>

## 나 걔랑 어울려 놀아.

친구들과 '어울려 놀다'를 영어로 말할 때, 'play'라는 단어를 떠올리는 경우가 많습니다. 하지만 'play'는 보통 아이들이 친구들과 논다고 말할 때 잘 쓰는 표현이며 만약 성인이 'play'를 써서 논다고 하면 성적으로 이상한 의미가 될 수도 있으니 조심해야 합니다. 따라서 성인이 '~와 어울려 놀다'라고 할 땐 'hang out with somebody'를 써야 합니다. 누군가의 팔에 자신의 팔을 '걸고(hang)' 팔짱을 낀 채 '밖에서(out)' 노는 모습을 상상하면 이해가 쉽겠죠?
아래는 유사한 뜻의 다른 표현입니다.

**spend time with somebody** = ~와 함께 시간을 보내다

참고로 'hang-out'은 '자주 가는 곳, 아지트'를 뜻하기도 합니다.

What are you guys doing tonight?
너희들 오늘밤 뭐 할 거야?

We are going to Hongdae tonight.
You want to hang out with us?
우리 오늘밤에 홍대로 갈 거야. 너 <u>우리랑 같이 놀래</u>?

# We hit it off!

# 047

## 우리가 이걸 때렸다고? NO!

## 우리는 죽이 잘 맞아!

친구 중 '죽이 잘 맞는' 친구 한 명쯤은 다들 있으실 겁니다.
이 '죽이 잘 맞다'는 영어로 'hit if off'라고 하는데요.
이 표현은 다름아닌 '야구'에서 비롯된 표현입니다. 여기서 'it'는 '야구공'을 뜻하는데,
한 야구선수가 방망이를 휘두를 때마다 야구공(it)을 쳐서(hit) 저 멀리(off) 날리니
감독, 동료 선수들과 금새 친해질 수 있었다는 맥락에서 'hit it off'는 '죽이 잘 맞다'라는
뜻이 되었습니다. 이와 유사한 다른 표현도 살펴볼까요?

**get along with somebody** = ~와 사이좋게 지내다

'get along with somebody'와 마찬가지로,
'hit it off'도 'hit it off with somebody(~와 죽이 잘 맞다)'로 쓸 수 있습니다.

How long have you known Tom?
Tom은 알고 지낸 지 얼마나 됐어?

I've known him for about five years.
We hit it off as soon as we met.
걔 알고 지낸 지 대략 5년 정도 됐어.
우린 만나자마자 죽이 잘 맞았지.

# 048

# Are you on my side?

네가 내 쪽에 서있냐고? <u>NO!</u>

## 너 내 편이야?

연인이든 친구 사이든, 가끔씩 '네 편, 내 편'을 따지며 싸우는 일도 생기곤 합니다.
그렇다면 '~의 편이다'라는 표현은 영어로 어떻게 말할까요?
바로 '측, 편'이라는 뜻의 'side'를 써서 'be on somebody's side'라고 합니다.
그 누군가의 편(side) 위에(on) 있는(be) 것이니 말 그대로 그 사람 편이라는 뜻이겠죠?
아래는 이와 비슷한 다른 표현들입니다.

**take somebody's side** = ~을 두둔하다(편들다)
**stick up for somebody** = ~을 옹호하다(편들다)

또한 '싸움을 말린다'고 할 때엔 아래와 같은 표현을 쓸 수 있습니다.

**break up a fight** = 싸움을 말리다

Why are you always sticking up for her? Whose side are you on?
넌 왜 항상 걔 편만 들어? 너 누구 편이야?

Of course I'm on your side.
당연히 난 네 편이지.

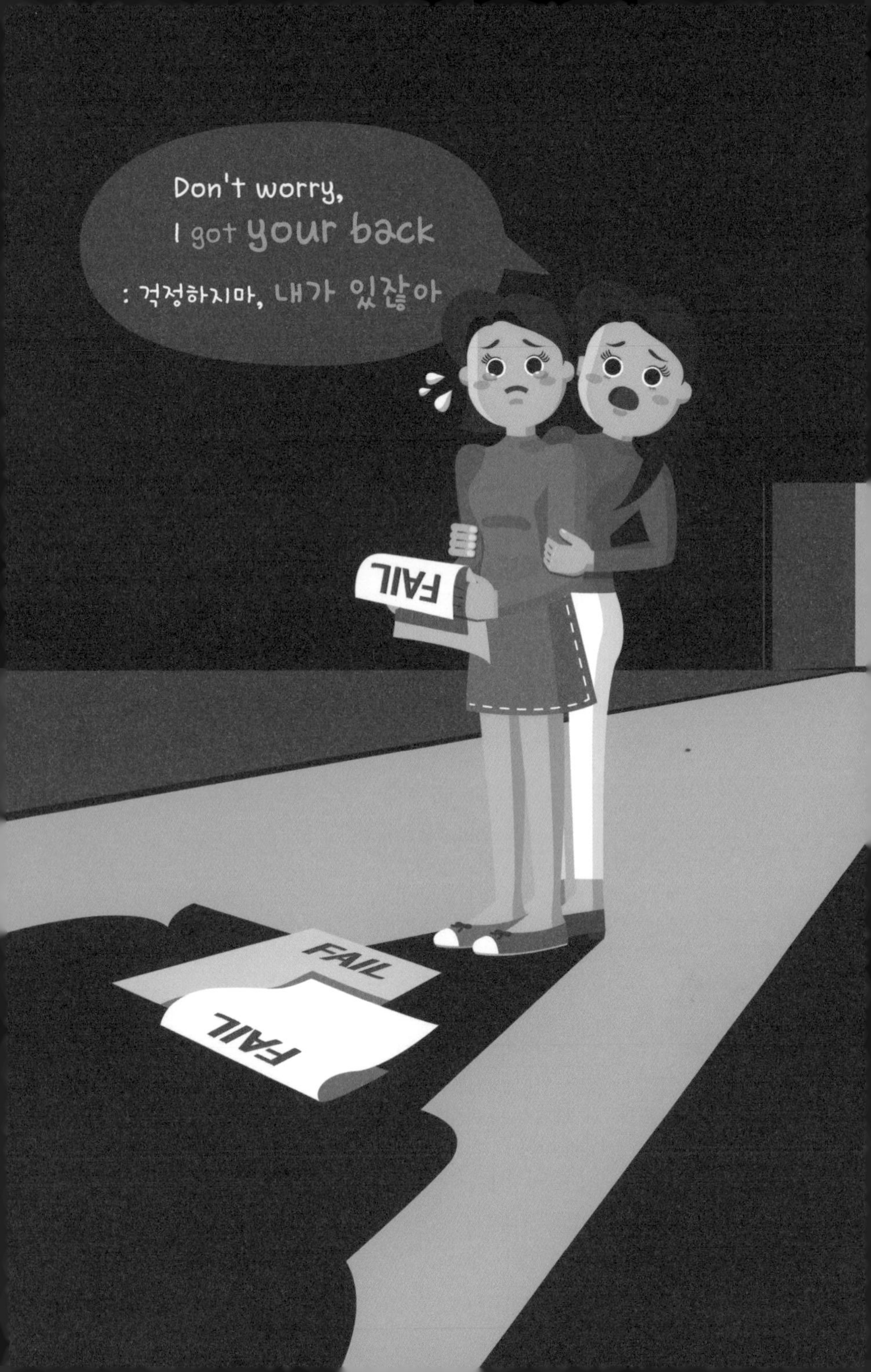
Don't worry,
I got your back
: 걱정하지마, 내가 있잖아
FAIL
FAIL
FAIL

# 049

# I got your back.

내가 네 등을 가졌다고? NO!

## 내가 있잖아(내가 도와줄게).

나와 가까운 사람이 힘든 상황에 처하거나 상실감에 빠졌을 때, 그럴 때 걱정하지
말라는 말과 함께 '내가 있잖아'라는 말을 해주면 정말 큰 도움이 되겠죠?
여기서 '내가 있잖아'라는 말은 곧 '내가 도와줄게(보살펴줄게)'를 의미합니다.
그리고 영어로 '~을 도와주다(보살펴주다)'는 'get one's back'이라고 합니다.
누군가의 '등(back)' 뒤에 서서 그 사람을 든든히 지켜주고 받쳐주는 모습을 상상하면
이해가 쉽겠죠? 이 표현은 우리나라의 '내가 네 뒤를 봐줄게'라는 말과 비슷한
표현이라고 보시면 됩니다. 아래는 'get one's back'과 동일한 다른 표현입니다.

**have one's back** = ~을 돌봐주다(보살펴주다)

위 표현들은 'be on one's side(~의 편이다),
take one's side(~의 편을 들어주다)'와도 비슷한 느낌이죠?

I feel like I'm all alone in the world.
이 세상에 나 혼자인 것만 같아.

Don't worry. I got your back.
걱정하지 마. 내가 있잖아.

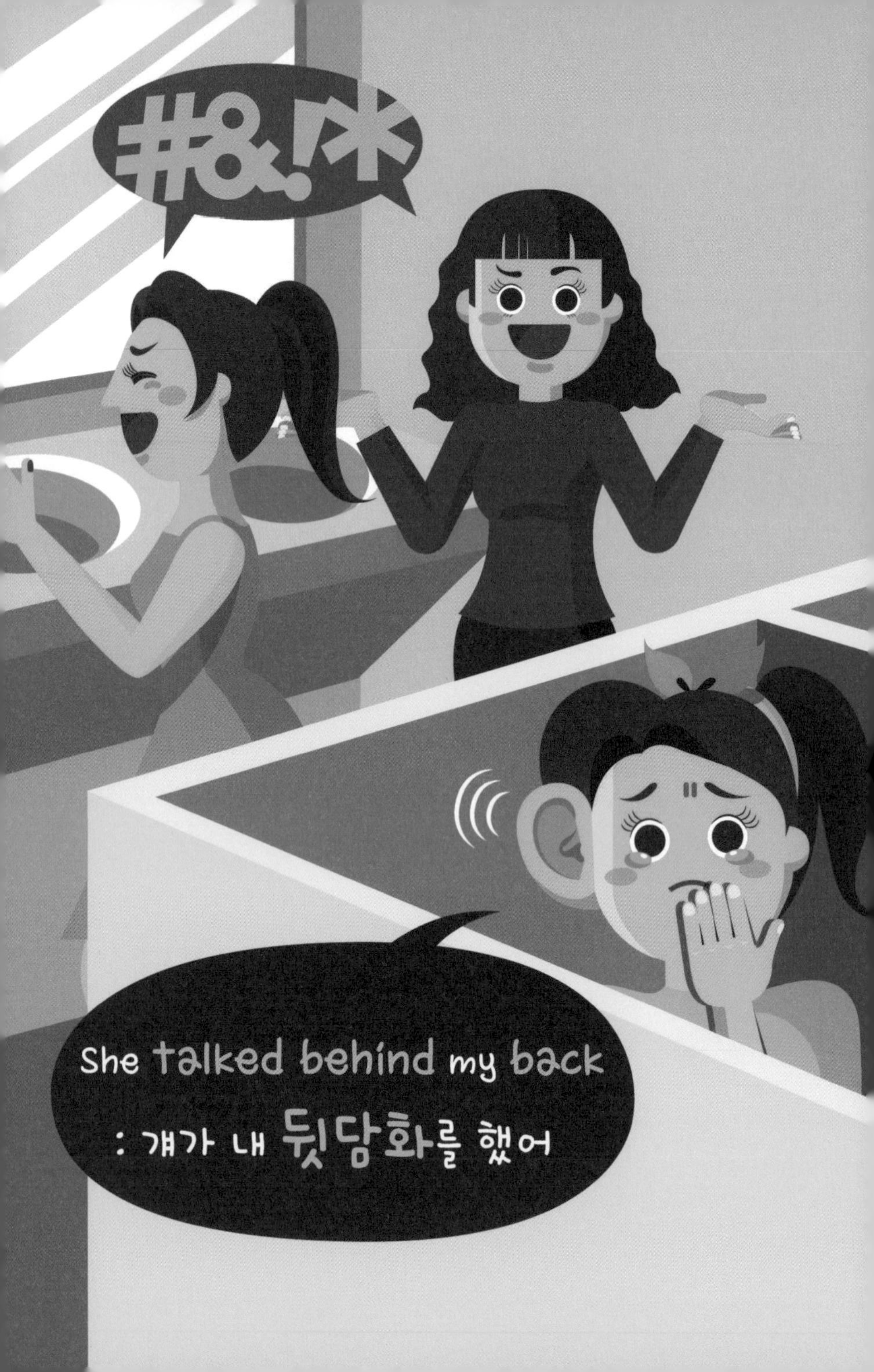
#&!*
She talked behind my back
: 걔가 내 뒷담화를 했어

# 050

# Talk behind my back

## 내 등 뒤에서 이야기하다? NO!

### 내 뒷담화를 하다

욕만큼 기분 나쁜 것이 바로 '뒷담화'입니다. 그렇다면 이 '뒷담화를 하다'는 영어로 어떻게 말할까요? 바로 상대방의 등(back) 뒤(behind)에서 말하는(talk) 것이 뒷담화라 하여 'talk behind one's back'이라고 합니다. 한국어와 상당히 비슷하죠? 아래는 이와 비슷한 다른 표현들입니다.

**speak ill of somebody** = ～에 대해 나쁘게 말하다(욕하다)
**badmouth somebody** = ～에 대해 안 좋게 말하다

'ill'엔 '아픈'이라는 뜻 외에 '나쁘게, 불쾌하게'라는 뜻도 있어서 'speak ill'은 '나쁘게 말하다'라는 뜻이 되며, 'badmouth'는 말 그대로 남에 대해 나쁜(bad) 입(mouth)으로 험담하는 것이라 보면 되겠죠?

Who said I talked behind your back?
내가 너 뒷담화 했다고 누가 그러디?

I heard it from Jessica. If you have anything to say, say it to my face.
Jessica한테서 들었어.
할 말 있으면, 내 면전에 대고 직접 얘기해.

# 051

# Beat around the bush

## 덤불 주변을 툭툭 치다? <u>NO!</u>

## 빙빙 돌려 말하다

'빙빙 돌려 말하다'는 영어로 'beat around the bush'라고 합니다.
이 표현은 예전에 사냥꾼들이 사냥감을 바로 덮치는 대신 주변 '덤불(bush)'을 툭툭
'치면서(beat)' 사냥감들을 튀어나오게 한 뒤 잡는 것에서 유래되었다고 합니다.
아래는 이와 반대되는 다양한 표현들입니다.

**get to the point** = 요점을 말하다
**go straight to the point** = 바로 요점을 말하다
**cut to the chase** = 바로 본론으로 들어가다

요점(point)에 닿거나(get to), 혹은 요점으로 바로 간다(go straight)고 하면
'요점을 (바로) 언급하다'라는 표현이 될 수 있겠죠?

James, don't **beat around the bush**.
What is it you want to say to me?
James, 빙빙 돌려 말하지 좀 마.
나한테 하고 싶은 말이 뭐야?

Ok, I'll **go straight to the point**.
알았어, 바로 요점만 말할게.

# 052

# She cursed at me.

## 그녀가 날 저주했다고? <u>NO!</u>

### 그녀가 날 욕했어.

'~에게 욕을 하다'는 영어로 어떻게 말할까요?
대표적인 표현 중 하나가 바로 'curse at somebody'입니다. 'curse'라고 하면
'저주'라는 뜻부터 떠올리는 분들이 많은데, 'curse'엔 '욕을 하다'란 뜻도 있습니다.
이 뒤에 'at somebody'까지 붙이면 '~에게 욕을 하다'란 뜻으로 확장되겠죠?
이와 비슷한 다른 표현들엔 아래와 같은 것들이 있습니다.

**cuss/swear at somebody** = ~에게 욕하다

참고로 'cuss'는 '욕하다'란 뜻 외에 '놈, 새끼'라는 부정적인 뜻도 있으며,
'swear'은 '욕하다' 외에 '맹세하다'라는 뜻도 있습니다.

So did you talk to your neighbor?
What did he say?
그래서 이웃이랑은 얘기해 봤어? 그 사람이 뭐래?

He just yelled and **cursed at** me.
It was like talking to a wall.
그 사람 소리만 지르고 나<u>한테</u> **욕하**더라고.
벽에다 대고 얘기하는 것 같았어.

125

# 053

# Stop using the F-word.

## 'F' 들어가는 단어 쓰지 말라는 건?

**욕 좀 그만해.**

서양 영화나 드라마를 보다 보면 'fuck'이라는 단어가 종종 나옵니다. 실제 우리나라에서도 'Fuck you!'라는 말을 대부분의 사람들이 다 알고 있을 정도지요. '성교하다, 저주하다, 욕설을 퍼붓다' 등의 뜻을 가진 'fuck'은 영어에서 욕설 및 온갖 비속어의 대명사로서 잘 알려진 단어입니다. 따라서 'fuck'을 아예 'F-word(F가 들어간 단어)'로 바꿔 표현해 이를 '욕, 욕설'을 뜻하는 단어로 사용하게 되었습니다. 'F-word' 말고도 '욕, 욕설'을 뜻하는 다른 표현엔 어떤 것이 있을까요?

**swear word** = 욕, 욕설

'swear'은 '욕을 하다'라는 뜻이 있는 단어인데 이 뒤에 'word'를 붙이게 되면 '욕을 하는 단어 = 욕설'을 뜻하게 됩니다.

I don't like the way he talks.
He uses **the F-word** all the time.
난 걔 말투가 싫어. 항상 <u>욕</u>을 하잖아.

Yeah, he has a foul mouth.
맞아, 걘 입이 더러워(거칠어).

# 054

# He has a foul mouth.

### 걔 입에서 악취가 난다고? <u>NO!</u>

## 걔 입이(말투가) 거칠어.

살다 보면 정말 욕설에 말투가 상스러운 사람들을 만나곤 합니다.
그런 사람들을 가리켜 흔히 '입이 거칠다(더럽다)'고 하곤 하는데,
영어로 이 '입이 거칠다(더럽다)'는 표현은
'have a foul mouth'라고 합니다. 더럽고 천박한(foul) 입(mouth)을 가지고(have)
있으니 거기서 나오는 말투 또한 상스럽겠죠?
아래는 '입조심, 말조심'과 관련된 표현들입니다.

**Watch your mouth(tongue)!** = 너 입조심해!
**Watch your language!** = 너 말조심해!

입(mouth), 혀(tongue), 말(language)을 조심(watch)하라는 것은
곧 입조심, 말조심을 하라는 말과 같은 거겠죠?

I don't want to talk to him
anymore. He has a foul mouth!
나 걔랑은 더는 이야기하고 싶지 않아.
걔 진짜 <u>입이 더러워!</u>

That's why everybody hates him.
그게 바로 모두가 걜 싫어하는 이유야.

# 055

# A slip of the tongue

## 혀가 미끄러진 거니까?

## 말실수

살면서 저지르는 많은 실수 중 하나가 바로 '말실수'일 겁니다.
그렇다면 이 '말실수'는 영어로 어떻게 표현할까요? 바로 'a slip of the tongue'이라고
합니다. 말은 '혀(tongue)'가 하는 것이고, 이 혀가 잘못 움직여 실수로
'미끄러지게(slip)' 되면 결국 잘못된 말을 하게 된다 볼 수 있겠죠?
따라서 'a slip of the tongue'은 '혀가 미끄러져 잘못 튀어나온 말 = 말실수'로
풀이됩니다. 그럼 이와 관련된 추가 표현도 살펴볼까요?

**It just came out.** = (말이) 나도 모르게 튀어나왔어.

'come out'은 말 그대로 '밖으로 나오다'라는 뜻인데, 말실수를 저지른 상황에서
이 표현을 쓰면 위와 같은 의미로 해석됩니다.

Did you just call me "Kate"?
That is your ex-girlfriend's name!
너 지금 날 "Kate"라고 불렀어?
그거 네 전 여자친구 이름이잖아!

It was just a slip of the tongue.
단지 <u>말실수</u>일 뿐이었어.

# 056

# Take it back!

이거 도로 가져가라고? <u>NO!</u>

## 그 말 취소해!

싸우다가 '너 지금 뭐랬어? 당장 그 말 취소해!'라고 했을 때,
영어로 '그 말 취소해!'는 어떻게 표현할까요? 바로 'Take it back!'이라고 합니다.
'take back'은 '반품하다, 취소하다'라는 뜻이 있는데,
만약 말다툼하는 상황에서 'Take it back!'이라고 했을 경우 'it'는 '상대방이 한 말'을
뜻하게 되어 '네가 한 말을 취소해라! = 그 말 취소해!'라는 의미가 됩니다.
이 말은 상대방에게 '사과하라'는 뉘앙스를 많이 갖고 있는 표현이기도 하죠. 그럼
상대방에게 '닥쳐!'라고 하고 싶을 땐 어떻게 말할까요?

**Cut it out!** = 그만둬! / 닥쳐!

'Cut it out!'보다 강한 표현은 여러분도 잘 아시는 'Shut up!'이라고 할 수 있습니다.
하지만 사용을 자제하는 것이 좋겠죠?

Did you just use the F-word to me?
**Take it back**, you moron!
너 나한테 욕한 거야? <u>그 말 취소해</u>, 멍청아!

But you pissed me off first!
근데 네가 먼저 날 열 받게 했잖아!

# 057

# Treat me like shit

## 나를 똥 같이 대하는 거니까?

### 나를 함부로 대하다

사회생활을 하다 보면 친절한 사람 말고도 나를 함부로 대하는 사람 또한 만나게 되곤 하죠. 이와 같이 '~을 함부로 대하다'라는 표현은 영어로 'treat somebody like shit'라고 합니다. 누군가를 '똥(shit)과 같이 대하는(treat)' 것이니 그만큼 그 사람을 함부로 대한다는 의미가 되겠죠? 이와 비슷한 표현으로는 아래와 같은 것이 있습니다.

**walk all over somebody** = ~을 함부로 대하다

위 표현을 보면 그 누군가의 '위(over)를 전부(all) 밟아가며 걸어 다니는(walk)' 것이니 그만큼 함부로 대한다는 의미가 됩니다.
참고로 '누군가를 돌아버리게(미치게) 만들다'는 아래와 같이 말합니다.

**drive somebody crazy** = ~을 미치게 하다

My boss always **treats me like shit**!
우리 상사는 항상 날 <u>함부로 대해</u>.

Don't let him walk all over you.
그 사람이 너 함부로 대하지 못하게 해.

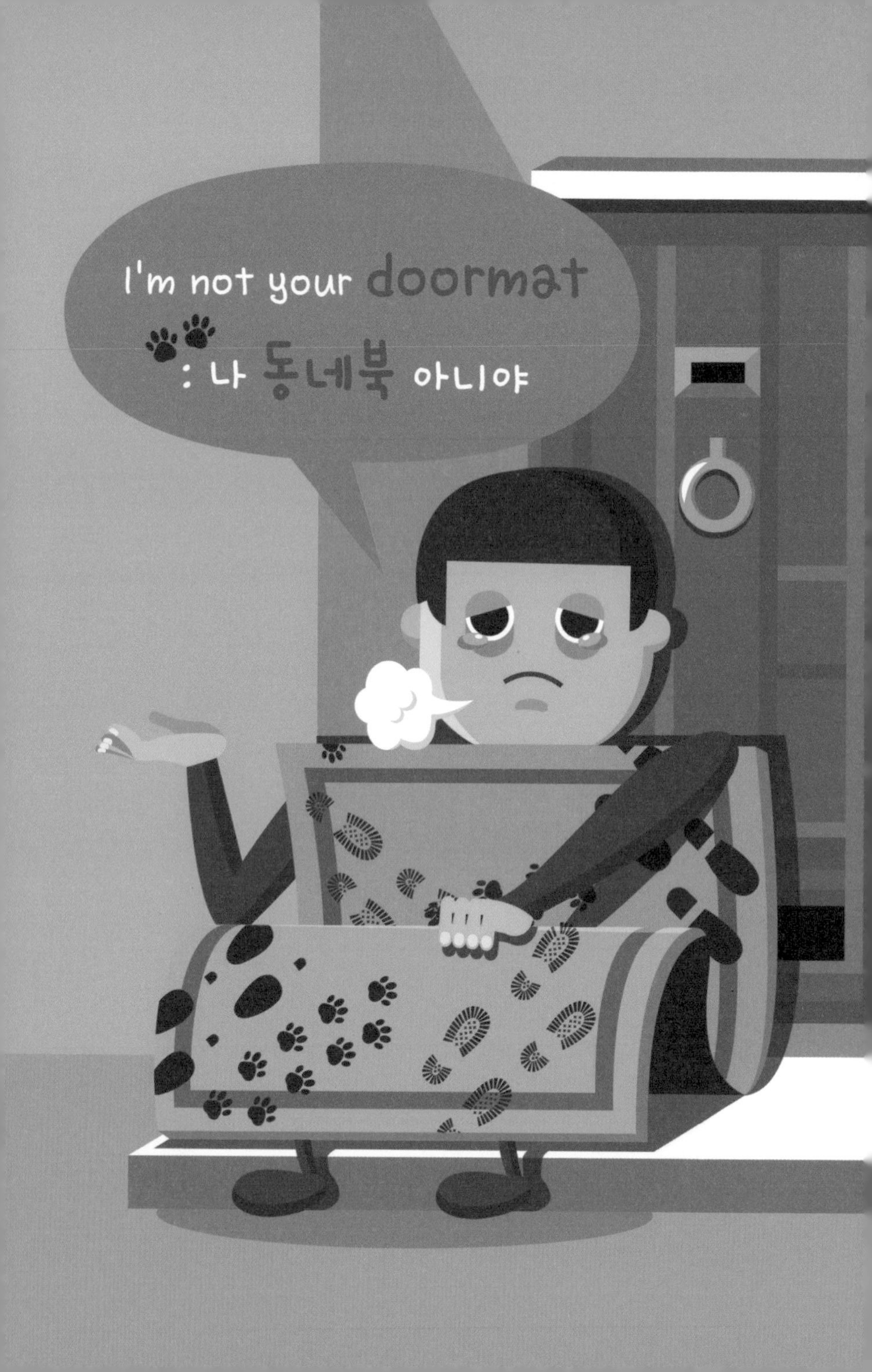
I'm not your doormat
: 나 동네북 아니야

# 058

# I'm not your doormat.

## 난 현관에 까는 매트가 아니다? <u>NO!</u>

## 나 동네북 아니야.

그 누군가에게 화풀이를 자주 하다 보면 그 사람이 '내가 동네북이냐?'하고 화를 내곤 하죠. 이 '동네북'은 영어로 'doormat'라고 하는데, 'doormat'는 본래 '현관에 까는 매트'를 의미하지만 이것이 사람을 지칭할 경우 '다른 사람에게 밟히고도(당하고도) 가만히 있는 사람', 즉 '동네북'을 뜻하게 됩니다. 'doormat'와 비슷한 표현으로는 'punching bag(샌드백)'이 있습니다. 아래는 분노를 터뜨리는 것과 관련된 다양한 표현들입니다.

**take it out on somebody** = ~에게 화풀이를 하다
**vent one's spleen on somebody** = ~에게 분노를 터뜨리다

위 표현에서 'vent'는 '터뜨리다', 'spleen'은 '화, 분노'를 뜻합니다.

Don't take it out on me.
I'm tired of being your doormat.
나한테 화풀이 좀 하지 마.
나 네 <u>동네북</u> 노릇하는 것도 지겨워.

Sorry, I didn't mean to do that.
미안, 일부러 그러려던 건 아니야.

# Chapter 5
# 연애 & 결혼

pick up girls
: 여자를 꼬시다

# Pick up girls

# 059

*여자를 집어 올리다? NO!*

## 여자를 꼬시다

'pick up somebody'라는 표현은 보통 '누군가를 데리러(태우러) 가다'라고 말할 때에
잘 쓰는데, 남자나 여자를 꼬신다고 말할 때에도 이 표현을 쓸 수 있습니다.
수많은 인파들 중에서 내 마음에 쏙 드는 남자나 여자를 '고른다(pick up)'고 생각하면
이해하기가 훨씬 쉽겠죠? 이와 유사한 다른 표현들은 아래와 같습니다.

**hit on somebody** = ~에게 작업(수작)을 걸다
**Are you hitting on me?** = 저한테 작업 거시는 거예요?
**flirt with somebody** = ~에게 집적거리다
**He flirts with every girl he sees.** = 그는 보는 여자마다 집적댄다.

위의 표현들 중 'flirt with somebody'는 좀 더 음흉하게 껄떡댄다는 뉘앙스가 있는
표현이니 참고하시기 바랍니다.

Where did you go last night?
너 어젯밤에 어디 갔었어?

I went to the club to pick up girls.
여자 꼬시려고 클럽 갔었지.

# 060

# He asked me out.

그가 질문을 했다고? <u>NO!</u>

## 그가 데이트 신청을 했어.

데이트 신청을 할 때 'date'라는 표현도 쓰긴 하지만,
이보다는 'ask somebody out(~에게 데이트 신청을 하다)'란 표현을 더 자주 씁니다.
예를 들어 썸녀가 있다면 'I'm going to ask her out.(나 그녀에게 데이트 신청할
거야.)'와 같이 말할 때에 쓸 수 있습니다.
이보다 더 직접적인 데이트 신청은 아래에 나와 있는 'go out with somebody'이며,
이외 데이트와 관련된 다른 표현들은 아래와 같습니다.

**go out with somebody** = ~와 데이트하다, ~와 사귀다
**take somebody out** = ~을 데리고 나가 시간을 보내다
**I've been going out with A** = 나 A와 사귀고 있어.

'take somebody out'은 직접적으로 데이트 신청하기가 쑥스러울 때,
예를 들어 'let me take you out for dinner.(내가 (너 데리고 나가서) 저녁 살게.)'와
같이 돌려 말할 때 쓰기 좋습니다.

Will you go out with me this Friday night?
이번 주 금요일 밤에 나랑 데이트하지 않을래?

I can't. Tom already asked me out.
안 돼. Tom이 이미 **나한테 데이트 신청했어.**

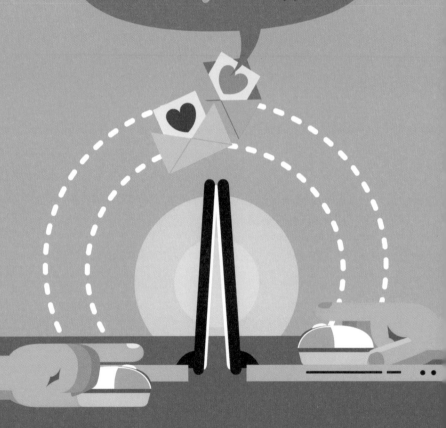

# We clicked right away.

# 061

### 우리가 클릭을 했다고? <u>NO!</u>

### 우리는 바로 통했어.

'click'이라는 단어에는 우리가 아는 클릭이라는 뜻 외에 '손발이 잘 맞다'라는 뜻도 있습니다. 따라서 'click right away'라고 하면 마음이 맞는 남녀가 '바로 통하다'라는 뜻으로 풀이될 수 있습니다. 인터넷에서 마우스를 '클릭(click)'하여 마음이 맞는 상대와 연결되어 채팅하는 장면을 상상하면 이해가 쉽겠죠?

이와 관련된 다른 표현들도 봅시다.

**We are perfect for each other.** = 우린 천생연분이야.
**We have great chemistry.** = 우린 잘 맞아.

'perfect for each other'은 '서로(each other)에게 완벽(perfect)'해서 천생연분이라고 말할 때, 'have great chemistry'는 '케미(chemistry)가 좋아서(great)' 잘 맞는다고 할 때 쓸 수 있는 표현입니다.

How long have you two been together?
둘이 사귄 지는 얼마나 됐어?

It's been two years. When we first met,
we just clicked right away.
2년 됐지. 우린 처음 만났을 때 <u>바로 통했어.</u>

# Made for each other

# 062

*서로를 위해 만들어졌으니까?*

## 천생연분

'천생연분'은 '하늘에서 정해준 짝'으로 풀이될 수 있기 때문에 영어로
'match made in heaven(하늘에서 만들어진 짝)'이라고도 합니다.
하지만 이보다는 'made for each other'을 많이 씁니다. '서로(each other)를 위해
만들어졌으니(made)' 그야말로 천생연분이겠죠?
이와 동일한 의미의 표현으로는 'right/perfect/meant for each other'가 있습니다.
그렇다면 이와 반대로 '잘 맞지 않는다'고 할 땐 어떻게 말할까요?

**not right for each other** = 서로에게 안 맞는
**not meant for each other** = 서로 인연이 아닌

'잘 맞지 않는다'고 할 땐 '잘 맞는다'는 표현들 앞에 'not'만 붙여서 말하면 됩니다.
생각보다 간단하죠?

Jessica and I are made for each other!
Thanks for introducing us.
Jessica랑 나는 천생연분이야!
우릴 소개해 줘서 고맙다.

My pleasure. You two look great together.
천만에. 너희 둘 정말 잘 어울려.

# 063

# I'm really into you.

## 네 안에 나 있다고? <u>NO!</u>

### 난 너에게 푹 빠졌어.

'be into somebody'라는 표현을 직역하면 '누군가의 속 안으로 들어가다'라는 뜻인데, 이는 곧 '그 사람에게 푹 빠졌다(그 사람을 정말 좋아한다)'라는 뜻으로 풀이될 수 있습니다. 또한 이 표현은 'I'm really into Pilates.(나 필라테스에 푹 빠졌어.)'와 같이 취미나 활동에 빠졌다고 말할 때도 쓸 수 있답니다. 이와 관련된 다른 표현들도 한번 살펴볼까요?

**Something is going on between ~.** = ~ 사이에 뭔가가 있다(~ 사이가 수상하다).

**have a thing for somebody** = ~에게 마음(호감)이 있다

위와 같은 표현들은 아직 푹 빠진 건 아니지만,
썸을 타거나 호감이 있는 상대에게 쓸 수 있는 표현들이겠죠?

Did you have a good time with him?
그 남자랑 좋은 시간 보냈어?

Yes, everything was perfect
last night. I think I'm really into him.
응, 어젯밤 모두 게 완벽했어
나 그 사람한테 푹 빠진 것 같아.

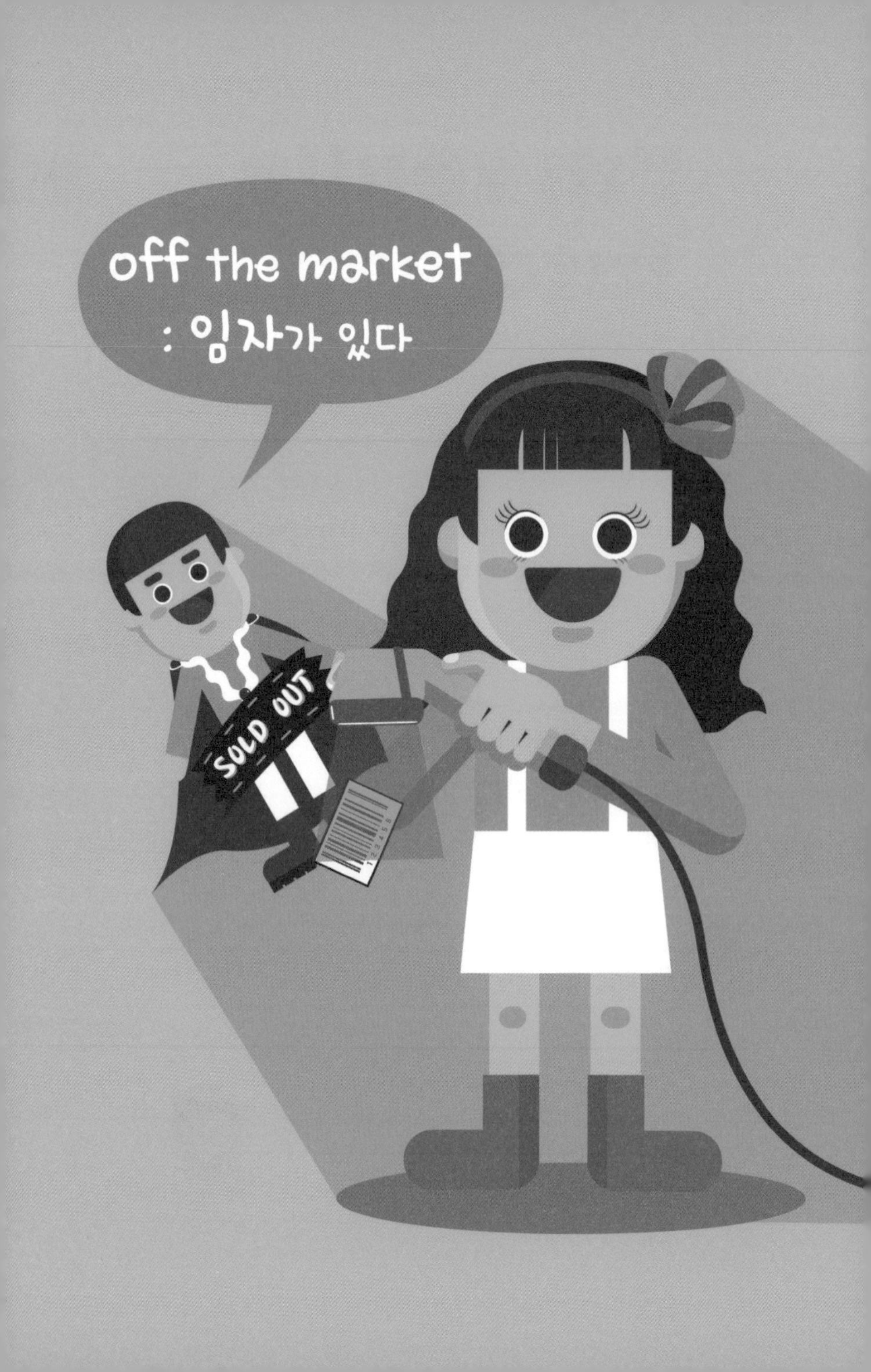
off the market
: 임자가 있다
SOLD OUT

# 064

# Off the market

## 마켓을 나왔다고? NO!

### 임자가 있다

요즘 임자가 있는 사람들을 흔히 '품절남, 품절녀'라고 부르죠? 'off the market'이란
표현을 바로 이 '품절'과 연관 지어 이해하면 쉽습니다. 즉 임자 있는 사람을
'마켓(market)에서 다 팔려 품절(off)'된 물건에 비유했다고 생각하시면 됩니다.
그럼 이로부터 파생시켜 생각해 볼만한 다른 표현들엔 뭐가 있을까요?

**single** = 솔로
**I've been single my whole life.** = 나 모태 솔로야.
**back on the market** = 돌싱
**divorce / divorcee** = 이혼남 / 이혼녀

위 표현에서 '돌싱(돌아온 싱글)'은 반품되어 '마켓(market)에 다시 돌아온(back)'
물건에 비유된 걸로 생각하시면 됩니다.

I'm going to ask her out tonight!
나 오늘밤 걔한테 데이트 신청할 거야!

Dude, stop chasing after her.
She's **off the market.**
야, 걔 그만 쫓아다녀. 걔 <u>임자 있어.</u>

# Seven-year itch

# 065

### 7년 동안 간지러웠다고? <u>NO!</u>

### 권태기

실제 서양에서는 '결혼 7년의 위기설'이란 말이 있습니다. 7년 즈음해서 이혼을 하거나 서로에게 무심해지는 경우가 많다는 것이죠. 따라서 'seven-year itch'는 연인이 '7년(seven-year)'이란 시간이 흐른 후 서로에게 싫증이 나 뭔가 새로운 것에 대한 '근질대는 욕구(itch)'를 갖게 되는 상태, 즉 '권태기'를 말할 때 쓰는 비유적인 표현입니다. 그럼 '싫증이 나거나 권태를 느낀다'는 영어로 어떻게 표현할까요?

**tired of ~** = ~에 싫증난, ~에 권태를 느끼는
**I got tired of her.** = 난 이제 그녀가 싫증나.

'tired'는 기본적으로 '피곤한'이라는 뜻이지만, 'tired of ~'라 하면 어떤 사람이나 일에 싫증이 난다는 표현이 됩니다.

How's your love life these days?
너 요즘 연애는 어때?

I think I have the seven-year itch.
I think I need some time alone.
내 생각에 나 **권태기** 같아.
나 혼자만의 시간이 필요한 듯 해.

# 066

# She stood me up.

## 그녀가 날 일으켰다고? <u>NO!</u>

### 그녀가 날 바람맞혔어.

한 남자가 썸녀와 만나기로 했는데, 썸녀가 남자를 오래도록 '서서(stand up)'
기다리게 만들다 바람을 맞힌 상황을 상상해 봅시다. 이렇듯 연애 상황에서
'stand somebody up'은 바로 누군가를 서서 기다리게 해놓고 나타나지 않은,
즉 '누군가를 바람맞히다'라는 뜻으로 풀이될 수 있습니다.
이로부터 떠올릴 수 있는 다른 문장들도 한번 살펴볼까요?

**I waited for so long.** = 나 정말 오래 기다렸어.
**She didn't show up.** = 그녀는 나타나지 않았어.
**I've been stood up.** = 나 바람맞았어.

이처럼 '오래 기다렸는데 나타나지 않아 결국 바람을 맞았다'고
이어서 말해 볼 수 있겠죠? 여러분께는 이런 일이 생기지 않기를 바랍니다!

How was your date with Jessica?
Jessica랑 데이트한 건 어땠어?

She stood me up.
She didn't even answer my calls.
걔가 나 바람맞혔어. 전화도 안 받더라고.

# 067

# My GF broke up with me.

### 여친이 나를 부숴버렸다고? <u>NO!</u>

## 여친이 나랑 헤어졌어.

우리나라에서도 보통 연인과 헤어지면 '나 걔랑 깨졌어'라고 말하죠. 서양에서도 연인과 헤어졌을 때 '깨지다'라는 뜻의 'break'를 써서 'break up with somebody(~와 헤어지다)'라고 말합니다. 이 표현을 쓸 때 주의할 것은 '주어'가 되는 사람이 헤어지자고 한 당사자라는 점입니다. 왼쪽 그림에서는 여자친구(GF)가 헤어지자고 한 당사자겠군요. 이외 헤어짐과 관련된 다른 표현은 아래와 같습니다.

**dump somebody** = ~를 차다
**I dumped him.** = 내가 걔(그)를 찼어.
**She dumped me.** = 걔(그녀)가 나를 찼어.

'dump'는 '버리다'라는 뜻의 단어인데, 직설적으로 말하면 누군가를 '버린 것'이니 그 사람을 '찬 것'이라고 생각할 수 있겠죠?

I think I have to **break up with** Tom.
나 Tom이랑 <u>헤어져야</u> 할 것 같아.

Why? You guys got along so well.
왜? 너희 둘 정말 잘 지냈잖아.

# 068

# Drunk dial

## 술에 취한 전화? <u>NO!</u>

### 술 먹고 취해 전화하다

'술 먹고 취해 전화하다'는 영어로 뭐라고 할까요?

바로 'drunk(취한)'과 'dial(전화하다)'를 합쳐 'drunk dial'이라고 표현합니다.

이와 유사하게 '술 먹고 취해 문자를 보내다'는 'drunk text'라고 표현할 수 있겠죠?

자, 그럼 이별과 관련된 다른 표현들도 한번 살펴봅시다.

**get over somebody** = ~를 잊다(떨쳐내다)

**rebound girlfriend / rebound boyfriend**

= 이별의 슬픔을 극복하기 위해 만나는 여친/남친

위 표현 중 'rebound'는 '튀어 오르다'라는 뜻의 단어인데,

헤어진 후 마음이 갈피를 잡지 못해 여기저기로 통통 '튀어 오르는(rebound)' 장면을

상상하시면 이해하기가 훨씬 쉽겠죠?

You drank too much last night.
너 어젯밤에 너무 많이 마셨어.

I drunk dialed Jessica last night.
I'm so embarrassed!
나 어제 Jessica한테 <u>술 취해 전화했어</u>. 쪽팔려 죽겠네!

# 069

# Know your place!

## 네 자리가 어딘지 알라고? <u>NO!</u>

## 네 주제를 알아라!

'네가 넘볼 사람이 아니야. 네 주제를 알아라'라고 할 때, 여기서 '네 주제를 알아라'는
영어로 'know your place'라고 표현합니다. 왼쪽 그림과 같이 일등석 '자리(place)'에
앉지도 못할 사람이 그곳에 앉아 있는 장면을 상상하면 이해하기가 쉽겠죠?
그리고 '~에게 과분하다'라는 말을 하고 싶을 땐 아래와 같은 표현을 씁니다.

**too good for somebody** = ~에게 너무 과분한
**out of somebody's league** = ~의 수준을 벗어난

'too good'은 너무 과하게 좋은 걸 뜻하므로 '과분한'이라고 풀이되며,
'out of somebody's league'는 말 그대로 '수준(league)'를 벗어났으니
이 또한 과분하다는 의미로 풀이될 수 있습니다.

I'm going to ask her out tonight!
오늘밤 그녀에게 데이트 신청할 거야!

She is way out of your league.
Know your place dude.
개는 너한테 너무 과분해. <u>주제 좀 알아라</u> 이 자식아.

161

# 070

# Third wheel

*세 번째 바퀴? <u>NO!</u>*

## 꼽사리

'낄끼빠빠'라는 말 들어보셨나요? '<u>낄</u> 때 <u>끼</u>고 <u>빠</u>질 때 <u>빠</u>져라'라는 말을 줄인 신조어인데요. 서양에서는 '낄끼빠빠'를 못하고 연인 사이에 꼽사리 긴 사람을 'third wheel'이라고 부릅니다. 왼쪽 그림과 같이 연인이 타는 자전거에 '세 번째 바퀴(third wheel)'를 붙여 이들 사이에 꼽사리 끼어 자전거 타는 사람을 상상해 보세요. 그야말로 불청객이 따로 없겠죠? 또한 'third wheel'은 '쓸모 없는 사람, 개밥의 도토리'를 지칭할 때에도 쓸 수 있습니다. 아래의 예문을 한번 살펴볼까요?

**I feel like a third wheel.** = 나 쓸모 없는 사람 같아.

위의 예문에서 볼 수 있듯이, 'third wheel'은 쓸모 없는 사람, 꿔다 놓은 보릿자루 같은 사람을 지칭하기도 합니다.

Chris and I are going to the movies.
Do you want to join us?
Chris랑 나랑 영화 보러 갈 건데. 너도 낄래?

I don't want to be a third wheel.
난 꼽사리 끼기 싫어.

# 071

# Gold digger

## 금 캐러 다니는 사람? <u>NO!</u>

### 꽃뱀

'gold digger'은 기본적으로 '금을 캐는 사람'을 뜻하는 표현이지만, 요즘엔 자신의
미모를 이용하여 현대 사회의 '금(gold)'이라 할 수 있는 돈을 남자로부터 뜯어내기
위해 이들에게 접근하는 꽃뱀을 가리키는 데 많이 쓰입니다.
흔히 '속물'을 지칭할 때도 이 표현을 많이 쓰죠.
그러면 꽃뱀이 접근하는 돈 많은 중년 남자는 뭐라고 표현할까요?

**sugar daddy** = 값비싼 선물로 여자를 유혹하는 돈 많은 중년 남자

'sugar'은 '설탕'이라는 뜻의 단어인데, 여자가 원하는 건 뭐든 다 들어주는
달콤한 아빠(daddy) 같은 남자라고 생각하면 이해하기 쉽겠죠?

His new girlfriend is really pretty!
그 사람 새 여자친구 진짜 예쁘더라!

But I have bad vibes about her.
I hope she is not a **gold digger**.
하지만 난 그 여자 느낌이 안 좋아.
그 여자가 꽃뱀이 아니었으면 좋겠다.

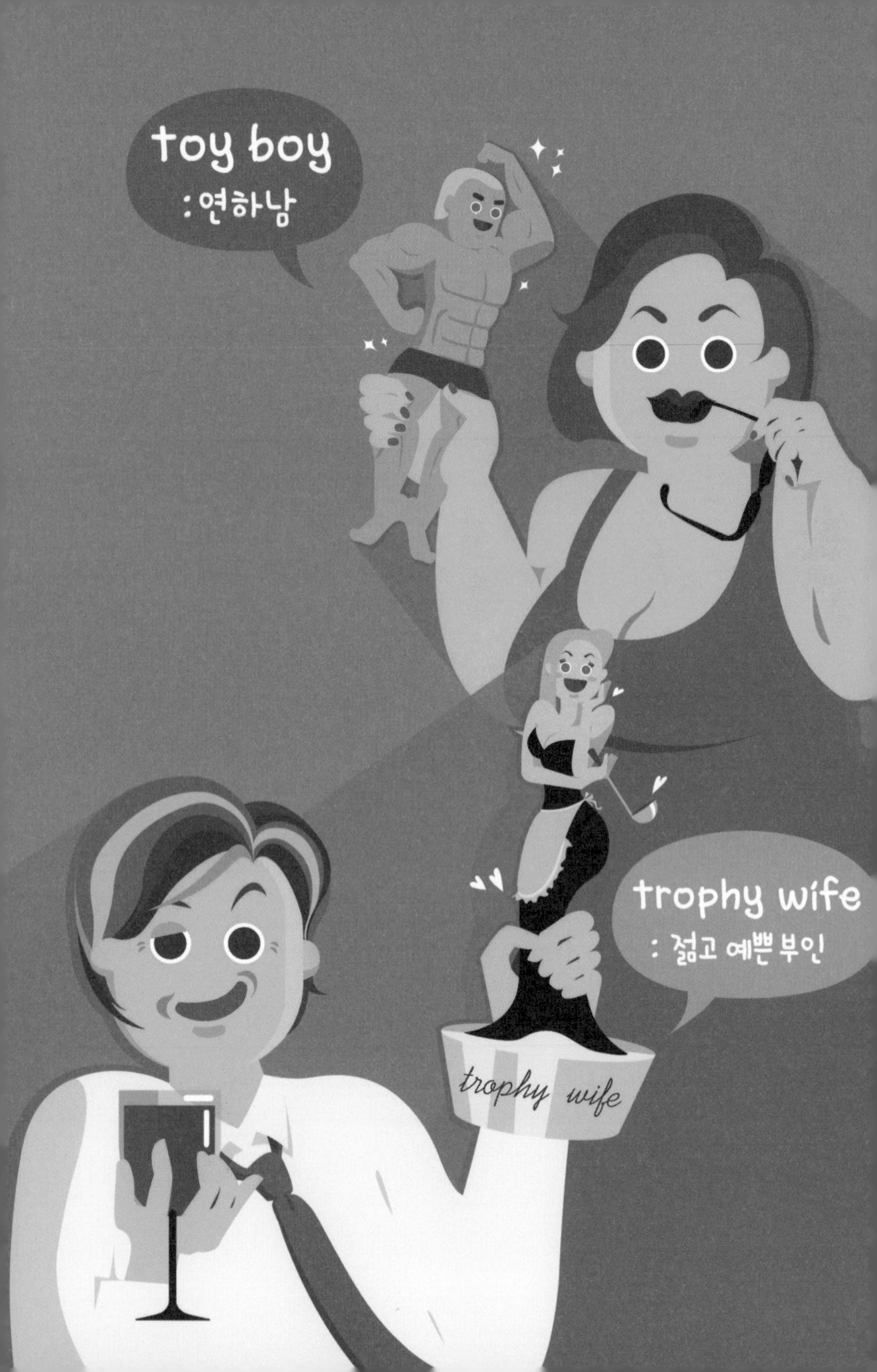
toy boy
: 연하남
trophy wife
: 젊고 예쁜부인
trophy wife

# 072

# Trophy wife

## 트로피를 든 부인? NO!

## 젊고 예쁜 부인

'trophy wife'는 전쟁에서 이긴 장수들이 전리품으로 예쁜 여자들을 잡아 아내로 삼은 것에서 비롯된 표현이라고 합니다. 마치 '트로피(trophy)'를 진열장에 전시해 놓고 자랑하듯, 젊고 예쁜 부인을 전시해 자랑하는 모습을 떠올리면 이해가 쉬울 겁니다. 결코 좋은 뉘앙스의 표현은 아니죠. 역으로 어린 남자 애인과 관련된 표현들도 살펴볼까요?

**cougar** = 젊은 남자와의 연애를 원하는 중년 여자

**toy boy** = (여자의) 연하 애인

하지만 위 표현들은 모두 긍정적인 뉘앙스보다는 비꼬는 듯한 부정적인 뉘앙스가 많이 내포되어 있다는 점, 꼭 기억해 두세요.

I don't know why he married her.
그 사람이 왜 그녀와 결혼했는지 모르겠어.

I think he just needed
a trophy wife to show off at parties.
내 생각에 그 사람은 단지 파티에서 뽐낼
젊고 예쁜 부인이 필요했던 거야.

# 073

# Shotgun wedding

**총 쏘는 결혼? NO!**

## 속도위반 결혼

'속도위반 결혼'을 영어로는 'shotgun wedding'이라고 합니다. 이 표현은 딸이 임신한 것을 안 딸의 아버지가 '엽총(shotgun)'을 예비 사위에게 겨누며 '너 내 딸이랑 결혼 할 거야 말 거야?'라고 협박해 결혼을 성사시켰다는 이야기에서 유래되었다고 합니다. 꽤 재미있는 표현이죠? 그렇다면 단순히 '결혼하다'라는 표현은 어떻게 말할까요?

**marry somebody** = ～와 결혼하다

**get married** = 결혼하다

많은 사람들이 '～와 결혼하다'를 'marry with somebody'라고 하는 경우가 많은데, 'with' 없이 그냥 'marry somebody'라고 하면 됩니다.

그리고 그냥 누군가 결혼했다고 말할 때엔 'get married'를 쓰면 되고요.

I heard Jessica is three months pregnant.
But she got married a month ago.
Jessica가 임신 3개월이라고 들었어.
그런데 걔 1달 전에 결혼했잖아.

It's obvious she had a shotgun wedding.
걔 속도위반 결혼한 거네.

# 074

# Morning sickness

*아침에 아픈 것? <u>NO!</u>*

## 입덧

입덧이라고 하면 흔히 토하는 장면을 떠올리며 '토하다'라는 뜻의 'vomit, puke' 같은 단어를 떠올리기 쉽습니다. 하지만 입덧은 토하는 것이라기보다 '메스꺼움이나 구역질(sickness)'에 가깝고, 또한 유독 '아침(morning)'에 심하기 때문에 영어로 'morning sickness'라고 합니다. 'sickness'를 이용한 또 다른 메스꺼움엔 또 뭐가 있을까요?

**motion sickness** = 움직이는 메스꺼움 = 멀미
**altitude sickness** = 대기 메스꺼움 = 고산병

'motion = 움직임, 흔들림'이기 때문에 'motion sickness'는 차 안에서의 '멀미'를 뜻하고, 'altitude = 대기'이기 때문에 'altitude sickness'는 높은 곳에서 메스꺼움을 느끼는 '고산병'을 뜻합니다.

How far along are you in your pregnancy?
너 임신한 지 얼마나 됐어?

I'm three months pregnant.
But I have horrible morning sickness.
나 임신 3개월이야. 그런데 <u>입덧</u>이 너무 심해.

171

# Chapter 6
# 컨디션 & 감정

# 075

# Lie around the house

## 집안 구석구석 누워 있는 거니까?

### 집에서 빈둥(뒹굴)대다

'집에서 빈둥대다'는 '집(house)에 누워서(lie) 빈둥댄다' 하여 영어로 'lie around the house'라고 합니다. 또는 집에서 뒹굴거리는 모습이 마치 '빵 한 덩이(loaf)가 굴러다니는 모습'과 비슷하다 하여 'loaf around'라고도 하고, 집에서 빈둥대는 것이 '게을러(lazy)' 보인다 하여 'laze around'라고도 합니다.
아래는 이와 관련된 기타 표현들입니다.

**homebody** = 집에 있기 좋아하는 사람
**couch potate** = 소파에서 TV만 보는 사람

'homebody'는 우리나라 말로 '집돌이, 집순이'라고도 할 수 있겠죠?
그리고 'couch potato'는 소파(couch)에서 감자(potato) 칩을 먹으며 TV를 보는 사람을 뜻한다고 보시면 됩니다.

What did you do over the weekend?
주말에 뭐 했어?

I just lay around the house all weekend.
I'm kind of a homebody.
그냥 주말 내내 집에서 빈둥댔어. 내가 집돌이라서.

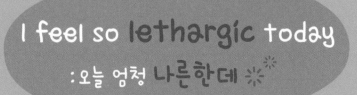

# 076

# I feel so lethargic.

## 힘 없이 축 처진 느낌이니까?

### 나 나른해.

긴 연휴가 끝난 다음날, 혹은 아무것도 하기 싫은 귀차니즘이 도진 날, 이럴 때 우린 '나른하거나 무기력하다'고 말합니다. 이럴 때 쓸 수 있는 영어 표현 중 하나가 바로 'lethargic'입니다. 'lethargic'은 '무기력한, 힘이 없는'이라는 뜻의 형용사이며, 따라서 'feel lethargic'이라고 하면 '무기력함을 느끼다 = 무기력하다, 나른하다'로 풀이될 수 있습니다. 아래는 이와 유사한 의미의 다른 표현들입니다.

**sluggish / drowsy / languid** = 나른한
**have no energy** = 기운(힘)이 없다

위에서 'sluggish'는 '민달팽이(slug)'의 느릿느릿 움직이는 '나른한 모습'에서 연상되어 만들어진 표현이라 생각하면 됩니다.

I feel so lethargic today.
I don't feel like doing anything.
오늘 엄청 나른하네. 아무것도 하기 싫다.

Me too. I just want to say home all day.
나도. 나 하루 종일 집에만 있을래.

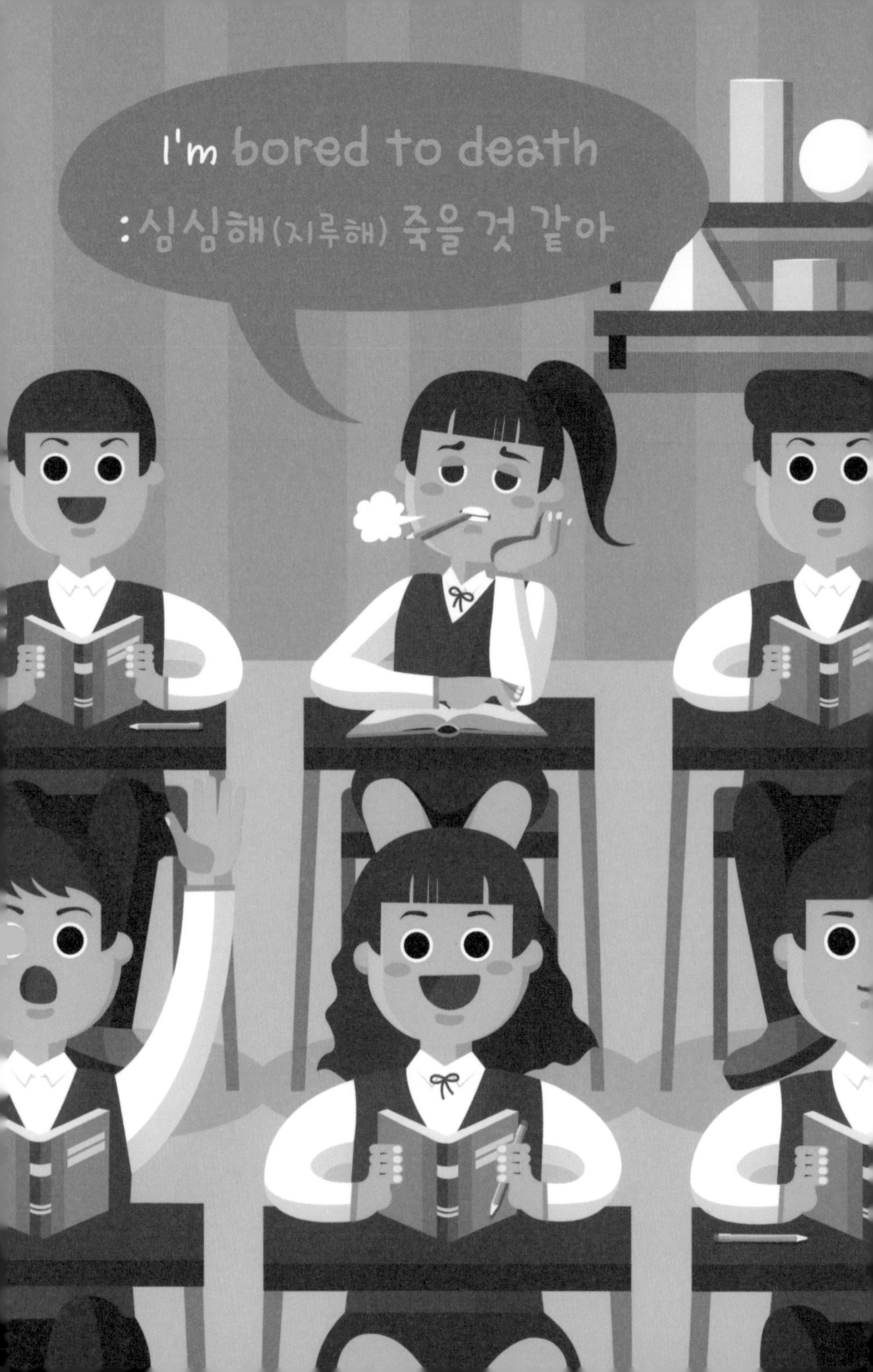
I'm bored to death
:심심해(지루해) 죽을 것 같아

# 077

# I'm bored to death.

## 내가 죽음을 향해 지루하다? <u>NO!</u>

## 나 심심해 죽겠어.

정말 너무 심심하면 '심심해 죽겠다'라고 표현하죠? 영어에서도 이렇게 강조하여 말할 수 있는 표현이 있습니다. 바로 '형용사+to death'입니다. 한국말과 거의 동일하게 '~해 죽겠다'라고 해석이 되는데, 'I'm scared to death.(나 무서워 죽겠어.), I'm sick to death.(나 지긋지긋해 죽겠어.)'와 같이 쓸 수 있죠.

아래는 이와 비슷한 다른 표현입니다.

**out of one's mind** = 제정신이 아닌, 미친
**I'm bored out of my mind.** = 나 지루해 미치겠어.

위에서 볼 수 있듯이 'out of one's mind'는 '제정신이 아닌, 미친'을 뜻하는 표현인데, 이를 '형용사+out of one's mind'와 같이 쓰게 되면 '~해 미치겠다'와 같이 감정을 강조할 수 있는 표현이 됩니다.

I'm so bored to death right now.
Let's do something!
나 지금 <u>심심해 죽겠어</u>. 뭐든 하자!

Sorry, I'm tired to death right now.
미안, 난 지금 피곤해 죽겠어.

# 078

# Off to a bad start

## 나쁜 시작으로 떠나니까?

## 일진이 사납다

아침에 늦게 일어나 정류장으로 뛰어가는데, 하필 그때 들고 있던 커피를 쏟아 버스까지 놓쳤다면? 이럴 때 '오늘 일진 사납네!'라고 말하겠죠. 이럴 때 쓸 수 있는 좋은 표현이 바로 'off to a bad start'입니다. 여기서 일진이 사납다는 것은 곧 하루의 '시작(start)이 나쁘다(bad)'는 뜻이기 때문에 'a bad start(나쁜 시작)'이란 표현을 활용하여 'off to a bad start'라고 합니다.

그럼 '일진이 좋다'는 어떻게 말할까요?

**Today is off to a good start.** = 오늘은 일진이 좋다.

위에서 알 수 있듯이 '일진이 좋다'고 할 때엔 'off to a bad start'에서 'bad(나쁜)'을 'good(좋은)'으로 바꿔주기만 하면 됩니다.

Why are you so late today?
너 오늘 왜 이렇게 늦었어?

I think today is off to a bad start.
I woke up late, spilled the coffee,
and missed the bus this morning.
오늘 일진이 진짜 거지 같네(사납네). 아침에 늦게 일어나,
커피 쏟아, 또 버스까지 놓치고.

181

# 079

# I'm really pissed off.

내가 시원하게 오줌 쌌다고? <u>NO!</u>

## 나 정말 열받았어.

우리나라 말로 '열받아, 빡쳐'라는 표현을 영어로 말할 때엔 'be pissed off'라고 합니다. 'piss'는 본래 '오줌을 싸다'라는 뜻인데 'be pissed off'라고 하면 '열받다'라는 뜻이 됩니다. 아마도 길을 가다가 '오줌(piss)'과 같은 오물이 옷에 튀어 극도로 짜증나는 상황에서 유래된 게 아닐까 싶습니다.

아래는 이와 관련된 추가 표현들입니다.

**piss somebody off** = ~을 열받게 하다
**get on somebody's nerves** = ~의 신경을 건드리다

자신이 열받은 게 아니라 그 누군가를 열받게 한 경우엔 'piss somebody off'라고 말하며, 누군가의 신경을 긁었다고 말할 때엔 'nerve(신경)'이라는 단어를 써서 'get on somebody's nerves'라고 합니다.

My boss dumped all his work on me.
I'm really pissed off right now.
상사가 나한테 자기 일을 다 떠넘겼어.
지금 나 열받아 죽겠어.

Again? Why does he always do that?
또? 그 사람 항상 왜 그러는 거야?

# 080

# She stresses me out!

## 걔가 날 스트레스 뻗치게 하니까?

## 걔 때문에 스트레스받아!

'stress'는 명사로 '스트레스'라는 뜻이지만 동사로 '스트레스를 받다(주다)'라는 뜻도 있습니다. 보통 'stress' 뒤에 'out'을 붙여 'stress out(스트레스를 받다/주다)'라고 하는데, 이를 스트레스가 '밖으로(out)' 뻗쳐서 힘들다는 식으로 이해하면 쉽겠죠? 'A stress out'이라고 하면 'A가 스트레스를 받다'라는 뜻, 'A stress B out'이라고 하면 'A가 B에게 스트레스를 주다'라는 뜻입니다. 다른 유사 표현들은 아래와 같습니다.

**be under stress** = 스트레스를 받다
**be under pressure** = 압박을 받다

위와 같이 스트레스(stress)와 압박(pressure) 아래에(under) 있다고 하면 이는 곧 스트레스와 압박을 받는다는 뜻이 되겠죠?

Where do you think you're going?
I'm not done talking to you!
어딜 가? 나 너한테 할 말 다 안 끝났어!

You're really stressing me out,
right now.
나 지금 너 때문에 굉장히 스트레스받아.

185

# 081

# You freaked me out!

## 네가 날 기겁하게 만들었으니까?

### 깜짝이야!

'놀라다'보다 더 강하게 '간 떨어지게 깜짝 놀라다, 기겁하다'라고 말할 땐 'freak out'이라는 표현을 씁니다. 'surprise'는 보통 '깜짝 파티(surprise party)'와 같이 긍정적인 상황에서도 쓸 수 있지만 'freak out'은 대체로 '아 진짜! 깜짝 놀랐잖아!'와 같이 공포스럽거나 화난 상황 등에서 잘 쓸 수 있습니다. 참고로 '누군가를 깜짝 놀라게 하다'는 'freak somebody out'이라고 하면 됩니다. 아래는 유사 표현들입니다.

**get shocked** = 충격을 받다. 놀라다
**be scared out of one's wits** = 소스라치게 놀라다(겁먹다)

위에서 'out of one's wits'는 '제정신을 잃고'라는 뜻이므로
'be scared out of one's wits'는 그만큼 겁먹고 놀랐다는 것을 의미합니다.

I **freaked out** when the ghost popped up in the last scene.
마지막 장면에서 귀신이 튀어나왔을 때
나 진짜 깜짝 놀랐어.

Me too, it was really scary.
나도, 정말 무서웠어.

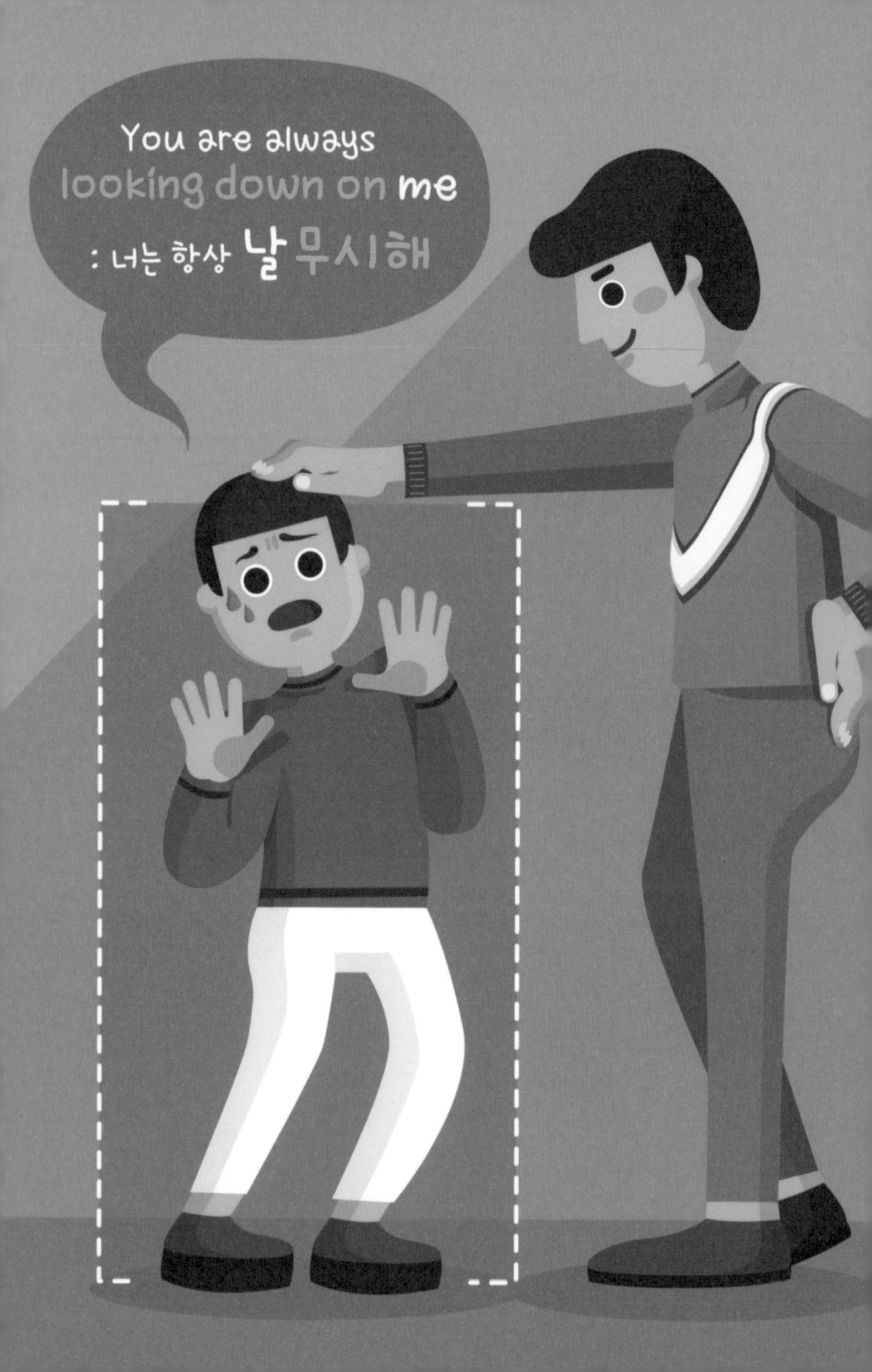
You are always
looking down on me
: 너는 항상 날 무시해

# 082

# Look down on me

## 나를 내려다보다? NO!

## 나를 무시하다

'무시하다'라고 하면 보통 'ignore'을 떠올리는 분들이 많습니다. 그런데 'ignore'은
누군가를 아예 없는 사람 취급하며 무시한다고 할 때 쓰는 표현이므로
누군가 날 '얕잡아보며 무시한다'고 말할 때엔 그리 적합하지 않습니다.
이럴 때 바로 'look down on somebody'라는 표현을 씁니다. 누군가를 '아래로(down)
쳐다본다(look)'는 것은 곧 누군가를 깔보거나 무시한다는 뜻이겠죠?
아래는 반대되는 표현들입니다.

**look up to somebody** = ～을 우러러보다(존경하다)
**look out for somebody** = ～을 지키다(보살피다)

'look down'과 반대로 누군가를 '올려서(up) 쳐다본다(look)'는 것은
그 사람을 우러러본다는 의미가 될 수 있겠죠?

You're always looking down on me.
It really pisses me off.
넌 항상 날 무시해. 그게 날 열받게 한다고.

What are you talking about?
대체 무슨 소릴 하는 거야?

# 083

# Foam at the mouth

### 입에 물은 거품? NO!

## 입에 게거품을 물다

'foam'은 명사로 '거품'이라는 뜻이지만 동사로 '거품을 내다'라는 뜻도 가지고 있습니다. 따라서 'foam at the mouth'를 그대로 직역하면 '입가에 거품을 내다'인데, 여러분, 우리나라에서도 너무 충격을 받거나 화가 나면 '게거품을 문다'고 하는 거 아시죠? 영어에서도 이럴 때 'foam at the mouth'라고 합니다. 이 표현은 성난 게가 입에 거품을 뿜는 것에 착안하여 생긴 표현이라고 합니다. 비슷한 다른 표현들은 아래와 같습니다.

**foam with rage** = 격노하다
**go ballistic** = 분통을 터뜨리다

위에서 'ballistic'은 '탄도의'라는 뜻을 가진 표현인데 'go ballistic'은 바로 탄도 미사일처럼 화를 분출한다는 의미로 생각하시면 됩니다.

I saw James **foaming at the mouth**.
Do you know why he went **ballistic**?
나 James가 게거품 물고 화내는 걸 봤어.
걔가 왜 그렇게 분통을 터뜨린 건지 너 알아?

I heard his girlfriend cheated on him.
내가 들었는데 걔 여자친구가 바람 피웠대.

It's getting on my nerves
: 신경에 거슬려

# 084

# Get on my nerves

## 내 신경에 올라타다? NO!

## 내 신경을 건드리다

뭔가가 '내 신경을 건드린다'고 할 때엔 영어로 'get on one's nerves'라고 합니다.
뭐가 됐든 예민해진 '신경(nerves) 위에 올라타게(get on)' 되면 신경에 참 거슬리겠죠?
이 표현은 주로 현재의 짜증나는 상황에 대해 '그거 진짜 신경 쓰여!'라는
뉘앙스로 말하기 때문에 현재진행형으로 자주 씁니다.
아래는 'nerve'에서 생각해 볼 수 있는 다른 표현들입니다.

**hit a nerve** = 신경을 건드리다, 아픈 곳을 찌르다
**have some(a lot of) nerve** = 뻔뻔하다

'hit a nerve'는 신경을 툭툭 '치는(hit)' 것이니 민감한 부분을 건드려 신경 쓰이게 하는
것이고, 'have a lot of nerve'는 신경을 많이 '갖고(have)' 있어서
웬만한 것엔 뻔뻔하다는 의미로 풀이됩니다.

Would you please stop whistling?
It's **getting on my nerves**!
부탁인데 휘파람 좀 그만 불어 줄래?
정말 신경에 거슬린단 말이야!

Oh, sorry. It's a habit.
아, 미안. 내 습관이라.

# 085

# Why the long face?

왜 얼굴이 기냐고? <u>NO!</u>

## 왜 시무룩한 얼굴이야?

'우울한 얼굴'이라고 하면 입이 아래로 축 처진 근심 가득한 얼굴이 떠오르지 않나요?
따라서 영어에서는 '시무룩한 얼굴'을 이 같이 입이 축 처져 '길어(long) 보이는
얼굴(face)' 모습에 빗대어 'long face'라고 합니다.
따라서 'Why (do you have) the long face?'라고 하면 '왜 시무룩한 얼굴을 갖고
있느냐? = 왜 이렇게 시무룩하냐?'로 풀이될 수 있는 것이죠.
아래는 이와 비슷한 다른 표현들입니다.

**feel blue** = 기분이 울적하다
**be depressed** = 우울하다, 마음이 무겁다

위에서 'blue'는 '파란색'이라는 뜻 외에 '우울한'이라는 뜻도 있기 때문에
'feel blue'라고 하면 '기분이 울적/우울하다'는 뜻이 됩니다.

Why the long face?
You seem troubled about something.
<u>왜 그렇게 시무룩한 얼굴을 하고 있어?</u>
너 뭔가 문제 있어 보여.

Jane and I broke up yesterday.
Jane이랑 나 어제 헤어졌어.

# 086

# Sorry
# I asked.

**미안해, 내가 물어봤어? <u>NO!</u>**

**괜히 물어봤네.**

친구에게 '남친(여친)이랑은 여전히 잘 지내지?'라고 물었는데, 그 친구가 '나 걔한테 차였어. 몰랐구나.'라고 답한 상황을 떠올려 봅시다. 이 같은 상황에서 바로 그 친구에게 'Sorry I asked.(미안, 내가 괜히 물었구나.)'라고 말할 수 있습니다. 본래는 'Sorry that I asked.'인데, 보통은 여기서 'that'을 빼고 'Sorry I asked.'라고 줄여 말합니다.

자, 그럼 이와 비슷한 뉘앙스의 다른 표현도 한번 살펴볼까요?

**I didn't meant to V.** = ~할 생각은 아니었어.

'mean'은 '의미하다, 의도하다'라는 뜻을 갖고 있기 때문에
위 표현은 '~할 의도(생각)는 아니었어.'로 풀이될 수 있습니다.

Actually, we broke up a week ago.
사실, 우리 일주일 전에 헤어졌어.

Oh, sorry I asked.
I really didn't mean to make you upset.
아, 내가 괜히 물었구나.
널 기분 나쁘게 할 생각은 정말 없었어.

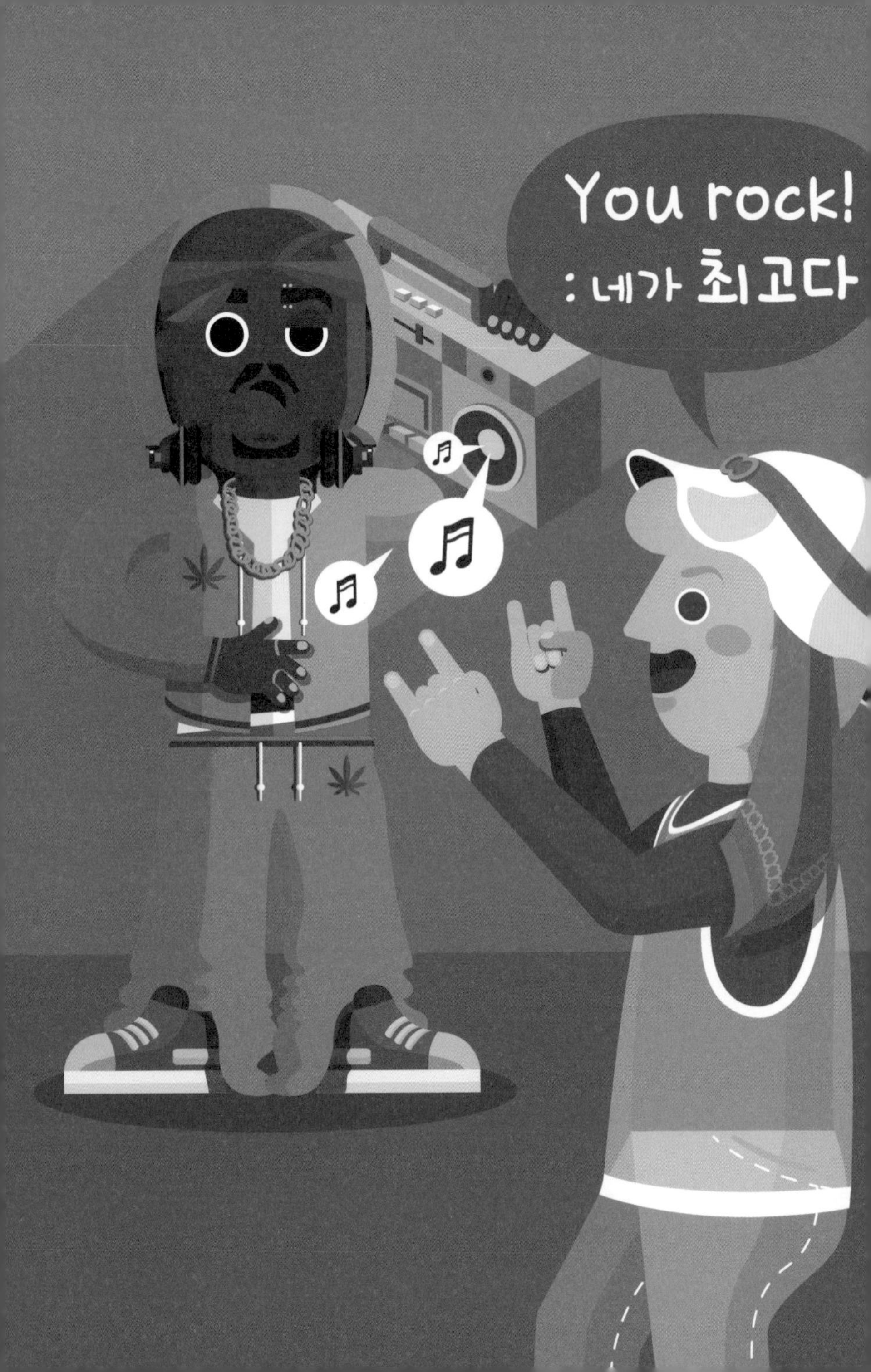
You rock!
: 네가 최고다

# 087

# You rock!

## 네가 록음악을 한다고? <u>NO!</u>
## 네가 최고다(너 짱이다)!

우리나라 말로 '네가 최고야!'라는 말은 영어로 어떻게 할까요? 물론 'You are really great.'라고 해도 되지만 이건 다소 격식을 갖춘 표현이며, 좀 더 캐주얼하게 '네가 짱이야!'라는 뉘앙스로 표현하고 싶다면 'You rock!'이라고 하면 됩니다. 'rock'은 본래 '바위'라는 뜻이지만 여기서의 'rock'은 '로큰롤(rock and roll)'에서 유래된 것이며, 이 표현은 사람뿐만 아니라 'The movie rocks!(그 영화 대박!)'과 같이 사물에도 쓸 수 있습니다. 이와 비슷한 다른 표현들도 살펴볼까요?

**You're cool(awesome).** = 너 진짜 끝내준다.
**You're dope.** = 너 진짜 멋있어(쩔어).

'dope'은 원래 마리화나나 마약을 뜻하는 슬랭이었는데, 요새 젊은이들 사이에서는 '멋지다, 쩐다'라는 의미로 사용되고 있습니다.

James, you should see
his new movie. It totally rocks!
James, 그 사람 새 영화 한번 봐봐. <u>진짜 최고야!</u>

I saw that movie, but I didn't like it.
나 그 영화 봤어. 그런데 난 별로더라.

# 088

# You are hilarious.

### 네가 우스운 사람이라고? <u>NO!</u>

### 너 정말 재미있다.

'재미있는, 웃긴'이라는 표현을 영어로 떠올릴 때 보통 'fun, funny'와 같은 표현을 생각하실 겁니다. 그런데 재미있거나 웃긴 강도를 더욱 강조하여 '아주 재미있는(웃기는), 배꼽 빠지는'이라고 표현하고 싶을 때엔 바로 'hilarious'라는 표현을 씁니다. 이를 좀 더 쉽게 외우려면, 'hilarious'와 발음이 비슷한 '헬륨(helium)' 가스를 마시고 우스꽝스러운 목소리로 남들을 웃기는 장면을 상상하면 되겠죠? 덧붙여 '정말 장난 아니게 웃기는'이라고 더더욱 강조하고 싶을 땐 아래와 같이 말합니다.

**super hilarious** = 진짜 눈물 나게 웃기는

참고로 'hilarious'는 사람이 웃기거나 재미있다고 할 때뿐만 아니라 영화, 쇼 등 어떠한 사물이 웃긴다고 할 때에도 쓸 수 있습니다.

Did you see the show last night?
I missed it.
어젯밤에 그 쇼 봤어? 난 못 봤지 뭐야.

Yes, I did. It was hilarious.
응, 봤어. 진짜 웃기더라.

# 089

# She is wishy-washy.

### 그녀는 닦고 싶어한다고? <u>NO!</u>

### 그녀는 우유부단해.

우리는 종종 주변에서 확실하게 결정을 못하고 이랬다가 저랬다가 하는 사람들을 보게 됩니다. 이런 성격을 우리는 '우유부단하다'고 하는데, 이 '우유부단'은 영어로 'wishy-washy'라고 합니다. 'washy'는 '묽은, 옅은'이라는 뜻이 있어서 'wishy-washy'는 곧 자신의 '희망(wish)'이 묽어져(washy) 이도 저도 확실치 않은 상태'라고 볼 수 있습니다. 왼쪽 그림처럼 발음이 비슷한 '세탁기(washing machine)' 고르는 장면을 떠올려도 외우기 쉽겠죠? 아래는 동일한 뜻의 다른 표현들입니다.

**indecisive / irresolute** = 우유부단한, 결단력 없는

참고로 'wishy-washy'는 위 표현들에 비해 좀 더 캐주얼한 뉘앙스를 갖고 있는 표현이라 보시면 됩니다.

I can't decide what to wear.
뭘 입어야 할지 결정 못하겠어.

You still haven't decided yet?
Stop being wishy-washy!
너 아직도 결정 못 했어? 그만 좀 <u>우유부단</u>하게 굴어!

# Chapter 7
# 소셜미디어

She always takes selfies
and photoshops them
: 걔는 항상 셀카찍고 뽀샵해
B613

# 090

# Selfie & Photoshop

## 셀프 서비스 & 사진 가게? <u>NO!</u>

## 셀카 & 뽀샵(보정)하다

'셀카'는 영어로 뭐라고 할까요? 바로 'selfie'라고 합니다.
덧붙여 '셀카를 찍다'는 'take a selfie'라고 하죠. 그런데 셀카를 찍으면
이것이 더 근사하게 보일 수 있도록 '뽀샵(보정)'을 해서 올리는 경우가 많은데,
이 '뽀샵(보정)하다'는 사진 보정 프로그램인 '포토샵'을 그대로 활용하여
'photoshop'이라고 합니다. 이와 유사한 다른 표현들도 살펴볼까요?

**airbrush** = (사진을) 에어브러시로 수정하다
**retouch** = (그림, 사진을) 수정하다

'retouch'는 말 그대로 '다시(re) 만지는(touch)' 행위이니
이는 결국 '다시 손을 보다 = 수정하다'로 해석될 수 있겠죠?

Look at her **selfies** on her Instagram.
She's very photogenic.
이 여자 인스타그램에 있는 <u>셀카</u>들 좀 봐.
정말 사진발 잘 받는다.

But all the pictures looked **photoshoped**.
하지만 사진들 전부 다 **뽀샵된** 것 같아.

# Look terrible in person

# 091

## 실제로 만나면 형편없어 보이니까?

## 실물은 최악이다

소셜미디어의 멋진 사진 속 모습과는 완전히 달라 '실물은 최악이다'라며
실망하는 일도 곧잘 생기곤 하는데요. 이처럼 '실물은 최악이다'라고 할 때엔
'직접(in person) 봤을 때 형편없어 보인다(look terrible)'고 하여 'look(s) terrible in
person'이라 합니다. 반대로 실물이 더 나을 땐? 'look(s) much better in
person(실물이 훨씬 낫다)'라고 하면 됩니다.
그럼 '사진발을 못 받는다'는 영어로 어떻게 말할까요?

**The camera hates you.** = 너 사진발 못 받는다.

'카메라(camera)가 싫어하니(hate)' 사진발이 당연히 나쁘겠죠?
반대로 '사진발을 잘 받는다'는 'hate' 대신 'love'를 쓰면 됩니다.

Wow, who is she? She's gorgeous!
와, 이 여자 누구야? 정말 끝내준다!

Don't be fooled by her pictures.
She **looks terrible in person.**
이 여자 사진에 속지 마. 이 여자 실물은 최악이라니까.

# 092

# Don't be fooled.

## 바보가 되지 말라고? <u>NO!</u>

## 속지 말아라.

많은 사람들이 자신을 과시하기 위해 현실과는 동떨어진 멋진 사진을 많이 올리곤 합니다. 그래서 요즘 '사진에 속지 말라'는 말을 많이 하곤 하죠. 이 '속지 말아라'라는 말은 영어로 'Don't be fooled.'라고 합니다. 'fool'은 '바보'라는 뜻 외에 '속이다'라는 뜻도 있어서 'be fooled'라고 하면 '속다'라는 뜻이 됩니다.

비슷한 다른 표현들도 한번 볼까요?

**deceive / cheat / trick** = 속이다

위에서 'cheat'는 특히 컨닝이나 바람을 피워 속인다고 할 때, 'trick'은 기술이나 속임수로 누군가를 속인다고 할 때 많이 씁니다.

Everything she wears
looks luxurious. She must be filthy rich.
걔가 입고 있는 거 전부 다 고급스러워 보여.
걔 완전 부자인 게 틀림없어.

Don't be fooled by her photos.
She just likes to show off.
걔 사진에 <u>속지 마</u>. 걔 그저 과시하길 좋아하는 거야.

# 093

# It makes me cringe.

## 날 움찔거리게 한다고? <u>NO!</u>

### 날 오글거리게 해.

남들의 소셜미디어를 보다 보면 지나치게 허세를 부리는 사진이나 멘트로 소위 손발을 '오글거리게' 만드는 포스팅들을 종종 접하게 되는데, 이 '오글거리다'라는 표현은 영어로 'cringe'라고 합니다. 'cringe'는 '(겁이 나서) 움찔하다, 민망하다'라는 뜻이 있는 단어로서 어떠한 것이 손발을 움츠러들게 할 정도로 '오글거리게' 할 경우 이 단어를 써서 표현합니다. 그럼 다른 신체 부위와 관련된 표현도 추가로 살펴볼까요?

**curl one's lip** = (경멸하여) 입을 삐죽거리다

'curl'은 '감기다' 외에 '비죽거리다'라는 뜻도 있어서 'curl one's lip'이라고 하면 '(특히 경멸로) 입을 삐죽거리다'라는 뜻이 됩니다.

Did you see her Facebook? Why did she upload a picture of herself crying?
너 걔 페이스북 봤어?
왜 지가 울고 있는 사진은 업로드한 거야?

I saw it. It really made me cringe.
나 그거 봤어. 진짜 **오글거리게** 하더라.

# 094

# Look it up online

## 인터넷에서 올려다보다? <u>NO!</u>

## 인터넷에서 찾아보다

소셜미디어에서 정보나 사람을 찾는 것과 같이 '인터넷으로 ~을 찾아보다'라는 행위는 'look something up(~을 찾아보다)'라는 표현에 'online(온라인)'을 붙여 'look something up online'이라고 합니다. 'search(찾아보다)'라는 표현은 무언가 샅샅이 파헤치는 느낌이 강해 단순 인터넷 정보 검색을 말할 땐 'look something up online'이 더 적합합니다. 그럼 인터넷 정보 검색과 관련된 다른 표현도 한번 살펴볼까요?

**google** = 구글로 검색하다

세계 최대 검색 사이트인 'Google'을 그대로 활용한 예라 할 수 있겠죠?
'I googled it.(나 그거 구글로 찾아봤어.)'와 같이 사용합니다.

Hey, look at the coat she's wearing.
It's pretty. What's the brand?
야, 이 여자가 입고 있는 코트 좀 봐.
예쁘다. 브랜드가 뭐지?

Wait a minute, I'll **look it up online**.
삼깐 기나려 봐, 내가 <u>인터넷으로 찾아볼게.</u>

# 095

# What a small world!

## 이 세상이 조그맣다고? <u>NO!</u>

## 세상 참 좁다!

페이스북과 같은 소셜미디어 덕분에 못 본지 오래된 옛 친구를 찾게 되거나, 혹은 길거리에서 예기치 못하게 옛 애인을 마주치게 되기도 합니다. 이럴 때 우리는 '세상 참 좁다!'라고 말을 하는데, 영어로 '세상 참 좁다!'는 'What a small world!'라고 합니다. 'small world(작은 세상)'이라는 표현을 'What'으로 시작하는 감탄문에 넣어 말하니 '정말 작은 세상이로구나! = 세상 참 좁구나!'라는 의미가 될 수 있겠죠? 그럼 '～을 우연히 마주치다'는 영어로 어떻게 표현할까요?

**run(bump) into somebody** = ～을 우연히 만나다

여러분은 부디 만나고 싶었던 사람을 'run(bump) into'하게 되시길!

I found one of my old friends on Facebook. I haven't seen her for ten years.
나 오랜 친구 중 한 명을 페이스북에서 찾았어.
나 걔 10년 동안 못 봤었는데.

Wow, **what a small world!**
와, <u>정말 세상 좁다!</u>

217

# 096

# Take a rain check

## 비 오는지 확인하다? NO!

## 다음 기회로 미루다

요즘엔 소셜미디어 속 댓글로 '언제 만나 밥이나 먹자!'라고 말해 놓고는 실제 약속을 잡았거나 잡으려 할 때 '다음 기회로 미뤄도 될까?'라고 하는 경우가 허다하지요. 이 '다음 기회로 미루다'는 영어로 'take a rain check'이라고 하는데요. 이 표현은 1980년대 미국 야구 경기장에서 비가 와서 경기가 취소되어 관객들에게 '우천 교환권(rain check)'을 주며 다음에 무료로 올 수 있게 한 데에서 유래된 표현입니다. 그럼 초대하는 입장에서 '나중에 다시 초대하겠다'고 할 때엔 어떻게 말할까요?

**give a rain check** = 나중에 다시 초대하겠다고 약속하다

초대를 하는 쪽에서 나중에 다시 초대하겠다고 할 때엔 'give', 초대를 받는 쪽에서 다음 기회로 미루자고 할 땐 'take'를 쓰면 되겠죠?

I'm throwing a party tonight.
Will you come?
나 오늘밤 파티 열 건데. 너 올래?

Can I take a rain check on that?
그거 다음 기회로 미뤄도 될까?

# 097

# He name-drops.

개가 이름을 떨어뜨린다고? <u>NO!</u>

## 걘 유명인들 이름을 아는 척 들먹거려.

소셜미디어를 보다 보면 유명인을 잘 아는 척 허세를 부리는 사람들이 있곤 하죠?
이처럼 '유명인들 이름을 아는 척 들먹거리다'는 영어로 '이름(name)을 여기저기
떨어뜨리고(drop)' 다닌다는 의미에서 'name-drop'이라고 합니다.
그리고 이 같은 행동을 하는 사람은 'name-dropper'라고 하죠.
'name'과 관련된 추가 표현도 같이 살펴볼까요?

**make a name for oneself** = 유명해지다

'name'엔 '명성, 평판'이란 뜻도 있어서 'make a name'이라고 하면
'이름을 떨치다, 유명해지다'라는 뜻이 됩니다.

Is it true that he personally knows
the singer Suzi? I'm a big fan of her!
걔가 가수 Suzi 개인적으로 안다는 게 사실이야?
나 그 가수 왕 팬인데!

Don't believe it. He's a **name-dropper**.
그거 믿지 마. 걔 유명인들 이름을 잘 아는 척
들먹거리고 다니는 애야.

He thinks he is sexy.
He is such a narcissist

: 걔는 자기가 섹시한 줄 알아.
자뻑 쩔어

# He is a narcissist.

걔는 자기 도취에 빠진 애니까?

**걘 자뻑이 심해.**

소셜미디어에서는 '예쁜 척, 멋있는 척'하는 사람들의 셀카를 정말 많이 보게 되죠?
이처럼 '자뻑이 심한 사람'은 영어로 'narcissist'라고 합니다.
이 단어는 우물가에 비친 자신의 모습과 사랑에 빠진 그리스 신화의
'나르키소스(Narcissus)'라는 청년의 이름에서 유래되었다고 하네요.
그럼 '공주병, 자만, 내숭' 등과 관련된 표현들도 한번 살펴볼까요?

**God's gift to man(woman)** = 공주병(왕자병)
**conceited** = 자만하는, 도도한
**act coy** = 내숭을 떨다, 순진한 척하다

자신을 '남자/여자(man/woman)에게 내려진 신의 선물(god's gift)'이라 칭하는 것,
정말 말 그대로 공주병, 왕자병이겠죠?

I'm sick and tired of seeing her
selfies on my feed every day.
매일 내 피드에서 걔 셀카 보는 거 지긋지긋 해.

Me, too. She is such a narcissist.
나도 그래. 걘 정말 자뻑이 심하다니까.

# Feel self-conscious

## 내 스스로에 대해 의식하다? NO!

## 남의 시선을 의식하다

소셜미디어를 보다 보면 '남에게 잘 보이기 위해' 끊임없이 멋진 사진을 올리는
사람들을 보게 됩니다. 이렇듯 '남의 시선을 의식하는' 마음 상태를 영어로는
'conscious(의식하는)'이라는 단어 앞에 'self(자신)'을 붙여 'self-conscious(남에게
보여지는 자신의 모습을 의식하는)'이라고 합니다. 덧붙여 'fashion-conscious'는
'유행을 의식하는 = 유행에 민감한'이라는 뜻이 됩니다.
그럼 '낮은 자존감'은 영어로 뭐라 할까요?

**low self-esteem** = 낮은 자존감

자신(self)에 대한 존경(esteem)이 낮으니(low) 이는 곧 자신을 하찮게 생각하는
낮은 자존감을 뜻한다고 볼 수 있겠죠?

How do I look? Do I look okay?
나 어때 보여? 나 괜찮아 보여?

Stop asking me that same
question. You're super **self-conscious**.
나한테 똑같은 것 좀 그만 물어 봐라.
넌 정말 너무 남의 시선을 의식해.

# He is full of of hot air.

# 100

## 걔가 뜨거운 공기로 꽉 찼다고? NO!

## 걘 허풍쟁이야.

소셜미디어를 보면 그럴듯하게 '허풍' 떠는 사람들이 참 많죠? 이런 사람들을 가리켜 우리는 '허풍쟁이'라고 하는데, 영어로 '허풍쟁이'는 '뜨거운 공기(hot air)로 가득 차(full)'있기만 할 뿐 속에 든 건 하나도 없는 열기구와 비슷하다 하여 'full of hot air'라고 합니다. 우리나라 말의 '빈 수레가 요란하다'와 맥락이 비슷하다 할 수 있겠죠? 아래는 '허풍'에서 연상할 수 있는 '자랑, 뽐냄'과 관련된 표현입니다.

**show off** = 자랑하다, 으스대다

단, 'show off'는 없는 걸 자랑하는 게 아닌 자신이 실제 갖고 있는 걸 과시할 때 쓰는 표현이니 이 점 참고해 두세요.

James said he was the most popular guy in school. Is that true?
James가 그러던데 자기가 학교에서 제일 잘 나가는 애였대. 그거 사실이야?

Don't believe him. He's full of hot air.
걔 믿지 마. 걘 허풍쟁이잖아.

# 101

# He is so nosy.

## 걔가 코가 길다고? NO!

## 걘 오지랖이 넓어.

소셜미디어를 보다 보면 남들의 온라인 공간을 들여다보며 이리저리 참견하기 좋아하는 사람들이 있습니다. 우리는 이런 사람들을 보통 '오지랖이 넓은' 사람들이라고 표현하는데, 이 '오지랖이 넓은'은 영어로 'nosy'라고 합니다. 'nosy'는 '참견하기 좋아하는, 꼬치꼬치 캐묻는'이라는 뜻의 단어인데, 이 표현은 긴 코(nose)를 가진 얼굴로 남의 인생에 얼굴을 들이밀어 이들의 삶을 긴 코로 찌른다는 것에서 유래되었다고 합니다. 그럼 '남 얘기'와 관련된 다른 표현도 한번 살펴볼까요?

**gossip** = 소문, 험담, 험담(남 얘기)을 하다

'gossip'은 '<u>가십거리</u>'라고 할 때 바로 그 '가십'인 것 다 아시죠?

Elizabeth is so nosy.
She always talks about other people.
Elizabeth 걘 너무 <u>오지랖이 넓어</u>.
걘 항상 다른 사람들 얘기를 하고 다녀.

That's why I never tell
my secrets to her.
그래서 걔한텐 내 비밀 절대 말 안 해.

# I'm addicted to it.

# 102

### 내가 여기에 중독된 거니까?

### 나 여기에 푹 빠졌어.

요즘 우리 주변에서 게임, 인터넷, 혹은 페이스북과 같은 소셜미디어에 중독 수준으로 빠진 사람들을 많이 볼 수 있습니다. 그럼 '~에 중독되다'라는 표현은 영어로 어떻게 말할까요? 바로 'addict(중독자)'라는 명사를 동사처럼 활용하여 'be <u>addicted</u> to something'이라고 합니다. 그럼 이와 비슷한 다른 표현들엔 어떠한 것이 있을까요?

**be hooked on something** = ~에 푹 빠지다
**be obsessed with something** = ~에 사로잡히다

무엇인가에 '걸리는(be hooked)' 것이나 '사로잡히는(be obsessed)' 것은
무언가에 중독되어 푹 빠진 것이라 할 수 있겠죠?

Do I look like an Internet addict?
내가 인터넷 중독인 것처럼 보여?

I do think you're addicted to the
Internet. You're always looking at
your phone.
내 보기에 너 인터넷에 <u>중독된</u> 것 같아.
너 항상 네 핸드폰이나 들여다보고 있잖아.

# 103

# I'm not bluffing.

### 내가 허풍 떠는 게 아니니까?

## 나 뻥치는 거 아냐.

소셜미디어 뿐만 아니라 실생활에서도 말도 안 되는 '허풍'을 떠는 것 같은 사람을 보게 되곤 하죠? 영어로 이 '허풍(허세)을 떨다'는 'bluff'라고 합니다. 이 표현은 왼쪽 그림과 같이 포커 게임에서 '배짱으로 상대방을 주눅들게 하는 기술'에서 유래되었다고 합니다. 또한 우리나라에서는 과도하게 허풍떠는 사람을 보면 '야! 뻥치지 마'라고 하기도 하죠? 따라서 'bluff'는 한국말 '뻥치다'와도 뉘앙스가 비슷합니다.

아래는 허풍과 가까운 '거짓말, 헛소리'와 관련된 다른 표현입니다.

**full of shit** = 터무니없는 거짓말(헛소리)투성인

'shit'은 '똥, 쓰레기' 외에 '거짓말'을 뜻하기도 합니다.
따라서 'shit'으로 '가득 찬(full)' 것은 거짓말, 헛소리투성이란 거겠죠?

Are you really going to shave
your head if you lose the bet?
너 내기에 지면 정말 삭발할 거야?

Do you think I'm bluffing?
너 내가 허풍떤다고 생각해?

# My eyes are puffy.

# 104

내 눈이 뭐? 강아지라고? NO!

## 나 눈이 부었어.

헤어진 애인의 페이스북을 보다 새 애인과의 사진이 올라온 걸 보곤 펑펑 울다 잠들어
다음 날 눈이 퉁퉁 부어본 경험이 있나요? 이렇게 울다가, 혹은 야식을 많이 먹고
잠들어 눈이나 얼굴이 '부은' 상태를 영어로 'puffy'라고 합니다.
발음이 'puppy(강아지)'와 상당히 비슷하죠?
그럼 '부은'이라는 뜻을 가진 다른 표현들엔 어떤 것이 있을까요?

**swollen** = (주로 다치거나 아파서) 부은, 부푼
**bloated** = (주로 가스가 차서) 부은, 부푼

'puffy, swollen, bloated', 이 세 단어는 똑같이 '부은'이라는 뜻이지만
부은 이유에 따라 미묘한 쓰임새의 차이가 있는 걸 아시겠죠?

Your eyes are red and puffy.
너 눈이 빨갛고 **부었어**.

I cried myself to sleep.
Tom deleted all of my photos on his Facebook.
나 울다 잠들었어. Tom이 자기 페이스북에 있는
내 사진을 전부 삭제했더라고.

Review & Practice

# 힙한 톡톡 영어
# 표현 총정리

**001. breadwinner** 가장
I'm the breadwinner in the family. 나는 집안의 가장이다.

**002. Work one's ass off** 열심히 일하다
I worked my ass off. 나는 열심히 일했다.

**003. Be swamped with work** 일로 눈코 뜰 새 없이 바쁘다
I'm swamped with work! 나 일로 눈코 뜰 새 없이 바빠!

**004. Backbreaking work** 뼈 빠지게 힘든 일
It's such a backbreaking work. 이거 정말 뼈 빠지게 힘드네.

**005. Six-figure salary** 억대 연봉
He makes a six-figure salary. 그 사람 억대 연봉 받아.

**006. Work for peanuts** 쥐꼬리만한 월급 받고 일하다
I work for peanuts. 나는 쥐꼬리만한 월급 받고 일해.

**007. Take a day off** 휴가를 내다
I'm going to take a day off. 나 휴가 낼 거야.

**008. Goof off** 농땡이 피우다
I'm just goofing off. 나 그냥 농땡이 피우고 있어.

**009. Be let go** 해고 당하다
I was let go. 나 해고 당했어.

**010. Be broke** 땡전 한 푼 없다
I'm broke till payday. 나 월급날까지 땡전 한 푼 없어.

**011. Brown noser** 아첨꾼
He is such a brown noser. 그 사람 완전 아첨꾼이야.

**012. Mood swing** (심한) 감정 기복
She looks like having a mood wing. 걔 감정 기복이 심한 것 같아.

**013. Hot-tempered** 다혈질
He is hot-tempered. 그는 다혈질이야.

**014. Get crabby** 까칠해지다
When the deadline comes, he gets crabby. 마감이 되면 걔 까칠해져.

**015. Walk on eggshells** 눈치를 보다
I was walking on the eggshells. 난 눈치 보고 있었어.

**016. Shopping spree** 지름신
I went on a shopping spree today. 나 오늘 지름신이 강림했어.

**017. Steal** 거저
This bag is a steal! 이 가방 완전 거저다!

**018. Rip-off** 바가지
What a rip-off! 완전 바가지네!

**019. Pay in installments** 할부로 결제하다
I'll pay in installments. 할부로 결제할게요.

**020. Put something on one's tab** ~을 ~의 이름으로 달아 두다
Put this on my tab please. 제 이름으로 달아 두세요.

**021. Be cash-strapped** 돈이 쪼들리다
I'm cash-strapped right now. 나 지금 당장 돈이 쪼들려.

**022. Tighten my belt** 허리띠를 졸라매다(아끼다)
I have to tighten my belt. 나 허리띠를 졸라매야 해.

**023. Put aside** 저축하다
I put aside $100 every month. 나 매달 100달러씩 저축해.

**024. Penny pincher** 구두쇠, 짠돌이
He is such a penny pincher. 걘 정말 구두쇠야.

**025. Filthy rich** 더럽게 부자인
She is filthy rich! 걘 더럽게 부자라니까!

**026. Born with a silver spoon (in one's mouth)** 부잣집 출신인
He was born with a silver spoon. 걘 부잣집 애야.

**027. Rags-to-riches** 자수성가한, 인생역전한
I like rags-riches stories. 난 자수성가한 사람들 이야기를 좋아해.

**028. Rake in money** 돈을 긁어모으다
She is raking in money. 걘 돈을 긁어모으고 있어.

**029. Roll in** (돈 등이) 밀려 들어오다
Money is rolling in! 돈이 밀려 들어오고 있어!

**030. Ten bucks says A** A라는 데에 10달러를 걸다
The bucks says he is a playboy. 걔가 바람둥이라는 데 10달러 걸게.

**031. Make one's mouth water** 군침 돌게 하다
It always makes my mouth water! 이건 항상 날 군침 돌게 해!

**032. Pig out** 돼지처럼 먹다
I pigged out yesterday. 나 어제 돼지처럼 먹어댔어.

**033. Be stuffed** 너무 배부르다
I'm stuffed right now. 나 지금 너무 배불러.

**034. Be in a food coma** 식곤증이 오다
I'm in a food coma. 나 식곤증 와.

**035. Get food poisoning** 식중독에 걸리다
I got food poisoning. 나 식중독에 걸렸어.

**036. Heat it up & Cool it down** 데우다 & 식히다
I'll heat it up in the microwave. 그거 내가 전자레인지에 데울게.

**037. Pick at one's food** 음식을 깨작거리며 먹다
She picks at her food. 걘 음식을 깨작거리며 먹어.

**038. You want a bite?** 한 입 먹어 볼래?
It tastes good. You want a bite? 이거 진짜 맛있어. 한 입 먹어 볼래?

**039. Hit the spot** 바로(딱) 그거다
You hit the spot! 딱 그거야(네가 바로 맞혔어)!

**040. It's on the house.** 공짜입니다.
Don't worry. It's on the house. 걱정 마세요. 공짜입니다.

**041. It's my treat.** 내가 쏠게.
Let's go out for dinner. It's my treat. 저녁 먹으러 가자. 내가 쏠게.

**042. Flat** 김이 빠진
It's completely flat. 이거 완전히 김 빠졌어.

**043. Get wasted** 꽐라(고주망태)가 되다
Let's get wasted tonight! 오늘밤 꽐라가 돼 보자고!

**044. Have a hangover** 숙취가 있다
I still have a hangover. 나 아직도 숙취가 있어.

**045. A headache and the runs** 두통과 설사
Do you still have the runs? 너 아직도 설사해?

**046.** **Hang out with somebody** ~와 같이 어울려 놀다
You want to hang out with us? 너 우리랑 같이 놀래?

**047.** **Hit it off (with somebody)** (~와) 죽이 잘 맞다
We hit it off! 우리는 죽이 잘 맞아!

**048.** **On one's side** ~의 편
Are you on my side or her side? 너 내 편이야 쟤 편이야?

**049.** **I got your back.** 내가 있잖아(내가 도와줄게).
Don't worry. I got your back. 걱정 마. 내가 있잖아.

**050.** **Talk behind one's back** ~의 뒷담화를 하다
I heard you talked behind my back. 네가 내 뒷담화 했다고 들었어.

**051.** **Beat around the bush** 빙빙 돌려 말하다
Stop beating around the bush! 빙빙 돌려 말하지 좀 마!

**052.** **Curse at somebody** ~에게 욕하다
He yelled and cursed at me. 걔가 소리지르고 나한테 욕했어.

**053.** **F-word** 욕
Stop using the F-word! 욕 좀 그만해!

**054.** **Have a foul mouth** 입이(말투가) 더럽다
He has a foul mouth. 걘 입이 더러워.

**055.** **A slip of the tongue** 말실수
It was just a slip of the tongue. 그건 말실수였을 뿐이야.

**056.** **Take it back.** 그 말 취소해.
What did you say? Take it back! 너 뭐라고 했어? 그 말 취소해!

**057.** **Treat somebody like shit** ~을 함부로 대하다
Don't treat me like shit! 날 함부로 대하지 마!

**058.** **Doormat** 동네북
I'm not your doormat. 나 동네북 아니야.

**059. Pick up girls** 여자를 꼬시다
I went to the club to pick up girls. 나 여자 꼬시러 클럽 갔어.

**060. Ask somebody out** ~에게 데이트 신청하다
He asked me out. 걔가 나한테 데이트 신청했어.

**061. Click right away** 바로 통하다
We clicked right away. 우리는 바로 통했어.

**062. Made for each other** 천생연분인
You and I are made for each other. 너랑 난 천생연분이야.

**063. Be into somebody** ~에게 푹 빠지다
I think I'm really into her. 나 그녀에게 정말 푹 빠진 것 같아.

**064. Off the market** 임자가 있는
She's off the market. 걔 임자 있어.

**065. Seven-year itch** 권태기
I think I have the seven-year itch. 나 권태기인 것 같아.

**066. Stand somebody up** ~을 바람맞히다
She stood me up again. 걔가 또 날 바람맞혔어.

**067. Break up with somebody** ~와 헤어지다
I broke up with James. 나 James랑 헤어졌어.

**068. Drunk dial** 술 먹고 취해 전화하다
I drink dialed Jessica. 나 술 먹고 취해서 Jessica한테 전화했어.

**069. Know your place.** 네 주제를 알아라.
You should know your place. 네 주제를 좀 알아라.

**070. Third wheel** 꼽사리, 개밥의 도토리
I don't want to be a third wheel. 나 꼽사리 끼기 싫어.

**071. Gold digger / Sugar daddy** 꽃뱀 / 돈 많은 아저씨
I hope she is not a gold digger. 걔가 꽃뱀이 아니길 바란다.

**072. Trophy wife / Toy boy** 젊고 예쁜 부인 / 연하남
She's just a trophy wife. 걘 그저 젊고 예쁜 부인일 뿐이야.

**073. Shotgun wedding** 속도위반 결혼
She had a shotgun wedding. 걔 속도위반 결혼했어.

**074. Morning sickness** 입덧
I have horrible morning sickness. 나 입덧이 너무 심해.

**075. Lie around the house** 집에서 빈둥(뒹굴)대다
I lay around the house all day. 나 하루 종일 집에서 빈둥댔어.

**076. Feel lethargic** 나른하다
I feel so lethargic today. 나 오늘 엄청 나른해.

**077. Be bored to death** 심심해(지루해) 죽겠다
I'm bored to death right now. 나 지금 심심해 죽겠어.

**078. Off to a bad start** 일진이 사납다
Today is off to a bad start. 오늘 일진이 사납다.

**079. Be pissed off** 열받다
I'm really pissed off! 나 정말 열받아!

**080. Stress somebody out** ~을 스트레스받게 하다
She stresses me out. 걔 때문에 스트레스받아.

**081. Freak somebody out** ~을 기겁하게(깜짝 놀라게) 하다
You freaked me out! 너 때문에 깜짝 놀랐잖아!

**082. Look down on somebody** ~을 무시하다
You always look down on me. 넌 항상 날 무시해.

**083. Foam at the mouth** 게거품을 물다
She was foaming at the mouth. 걔 게거품을 물더라.

**084. Get on one's nerves** ~의 신경을 건드리다
It's getting on my nerves! 그거 정말 내 신경에 거슬려!

**085. Long face** 시무룩한 얼굴
Why the long face? 왜 시무룩한 얼굴을 하고 있어?

**086. Sorry I asked.** 괜히 물어봤네.
Oops, sorry I asked. 에고, 괜히 물어봤네.

**087. Something / Somebody rock(s)** ~가 최고다(끝내준다)
It totally rocks! 이거 완전히 끝내준다!

**088. Hilarious** 정말 재미있는, 정말 웃긴
You are hilarious! 너 정말 웃긴다!

**089. Wishy-washy** 우유부단한
Stop being wishy-washy. 그만 좀 우유부단하게 굴어.

**090. Selfie & Photoshop** 셀카 & 뽀샵하다
All of her selfies were photoshoped. 걔 셀카들 전부 뽀샵된 거야.

**091. Look terrible in person** 실물은 최악이다
She looks terrible in person. 걔 실물은 최악이야.

**092. Don't be fooled.** 속지 마라.
Don't be fooled by her Instagram photos. 걔 인스타 사진에 속지 마.

**093. Make somebody cringe** ~을 오글거리게 하다
Her posts really make me cringe. 걔가 쓴 글 정말 날 오글거리게 해.

**094. Look something up online** ~을 인터넷에서 찾아보다
I'll look it up online. 내가 그거 인터넷에서 찾아볼게.

**095. Small world** 좁은 세상
Wow, what a small world! 와, 정말 세상 좁다!

**096. Take a rain check** 다음 기회로 미루다
Can I take a rain check? 다음 기회로 미뤄도 될까?

**097. Name-drop** 유명인들 이름을 아는 척 들먹거리다
He name-drops all the time. 걘 항상 유명인들을 아는 척 들먹거려.

**098. Narcissist** 자뻑이 심한 사람
He is such a narcissist. 걘 자뻑이 심해.

**099. Self-conscious** 남의 시선을 의식하는
You're super self-conscious. 넌 너무 남의 시선을 의식해.

**100. Full of hot air** 허풍쟁이인
He's full of hot air. Don't believe him. 걘 허풍쟁이야. 걔 믿지 마.

**101. Nosy** 오지랖이 넓은
He is so nosy. 걘 오지랖이 넓어.

**102. Be addicted to something** ~에 중독되다(푹 빠지다)
I'm addicted to this game. 나 이 게임에 푹 빠졌어.

**103. Bluff** 허풍을 떨다, 뻥치다
Do you think I'm bluffing? 너 내가 허풍 떤다고 생각해?

**104. Puffy** (눈이나 얼굴이) 부은
My eyes are so puffy! 나 눈이 탱탱 부었어!

MEMO

MEMO

좋은 **책**을 만드는 길
**독자**님과 **함께**하겠습니다.

## 제시카의 힙한 톡톡 영어 표현

| | |
|---|---|
| 개정1판1쇄 발행 | 2023년 02월 06일 |
| 초 판 발 행 | 2018년 04월 05일 |
| 발 행 인 | 박영일 |
| 책 임 편 집 | 이해욱 |
| 저 자 | Jessica 황 |
| 기 획 편 집 | 심영미 |
| 표 지 디 자 인 | 김지수 |
| 편 집 디 자 인 | 임아람 · 박서희 |
| 발 행 처 | 시대인 |
| 공 급 처 | (주)시대고시기획 |
| 출 판 등 록 | 제 10-1521호 |
| 주 소 | 서울시 마포구 큰우물로 75 [도화동 538 성지 B/D] 9F |
| 전 화 | 1600-3600 |
| 팩 스 | 02-701-8823 |
| 홈 페 이 지 | www.sdedu.co.kr |
| I S B N | 979-11-383-4281-0(13740) |
| 정 가 | 17,000원 |